Alexander Schilling

Modellbau

Alexander Schilling

Modellbau

BIRKHÄUSER
BASEL

Inhalt

VORWORT _07
DAS ARCHITEKTURMODELL ALS DARSTELLUNGSMEDIUM _08
MODELLTYPOLOGIEN _11
    Konzeptmodelle _12
    Städtebau- und Landschaftsmodelle, Gelände und Topografie _13
    Architektur-/Gebäudemodelle _16
    Innenraummodelle _18
    Detailmodelle _19
GESTALTUNG UND KONZEPTION _21
    Farbe und Material _21
    Komposition und Proportion _22
    Abstraktion und Detailtreue _23
AUSRÜSTUNG – WERKZEUGE – ARBEITSTECHNIKEN _26
    Schneiden _26
    Kleben _30
    Kneten, Formen und Gießen _33
    Maschinen der Modellbauwerkstatt _35
    Thermosägen _41
    Digitaler Modellbau _41
WERKSTOFFE – MATERIALIEN _48
    Papiere, Pappe und Karton _48
    Hölzer und Holzwerkstoffe _53
    Metalle _58
    Kunststoffe _61
    Farben und Lacke _66
    Gips, Ton, Knete und Modelliermassen _67
    Staffagen, Bäume und Figuren _69
VON DER ZEICHNUNG ZUM MODELL –
ARBEITSSCHRITTE UND HERANGEHENSWEISEN _72
    Festlegungen zu Beginn des Modellbaus _72
    Die Grundplatte _72
    Herstellen einzelner Bauteile _74
    Zusammenfügen der Bauteile _77
    Restarbeiten und Staffage _77
    Präsentation und Inszenierung _78
SCHLUSSWORT _80
ANHANG _81
    Danksagung _81
    Bildnachweis _82

Vorwort

Modelle sind Mittel zur Darstellung geplanter Bauwerke. Sie helfen, einen räumlichen Eindruck der späteren gebauten Realität zu geben, und sind daher ein wichtiges Präsentationsmittel im Studium und in der Berufsausübung von Architekten. Auch wenn dreidimensionale Skizzen einen räumlichen Eindruck vermitteln können, kann der Betrachter von Modellen den Blickwinkel selbst wählen und somit Räumlichkeit individuell erfahren. Modelle sind aber auch Arbeitsmittel für den Entwerfer, der auf der Suche nach Proportion und Gestalt das Modell nutzt, seine Ideen auf Papier dreidimensional überprüft oder direkt mit Modellen entwirft. Modelle unterstützen somit fassbar den Entwurfs- und Entscheidungsprozess.

Der vorliegende Band „Modellbau" behandelt verkleinerte Darstellungen des späteren Gebäudes mit Hilfe des Modellbaus. Der Modellbau hat sich zu einer eigenständigen Kunst entwickelt – mit eigenen Werkzeugen, Arbeitstechniken und Materialien. Da Studenten bisher Techniken und Rahmenbedingungen des Modellbaus vielfach autodidaktisch erlernen mussten, werden in diesem Band Hintergründe und praktisch anwendbare Informationen zum Modellbau vermittelt.

Die verschiedenen Modelltypologien werden ebenso vorgestellt wie typische Arbeitsmittel, Werkzeuge und Maschinen. Geeignete Materialien und Werkstoffe werden systematisch mit allen Eigenschaften präsentiert und im Kontext ihrer kompositorischen Wirkung erläutert. Die Beschreibung des typischen Arbeitsablaufs im Modellbau mit Tipps und Hinweisen soll Studenten in die Lage versetzen, mit dem erlernten Wissen die vielfältigen Möglichkeiten des Modellbaus zu nutzen und ihre Entwürfe in ästhetische und repräsentative Modelle umzusetzen.

Der nun in dritter Auflage erschienene Band erläutert zudem Werkzeuge und Möglichkeiten, die das computerunterstützte Arbeiten mit dreidimensionalen CAD-Daten bieten. Das maschinengestützte Fräsen, Drucken und Modellieren von Modellen aus 3D-Daten heraus nimmt einen immer größeren Stellenwert ein und ermöglicht auch einen neuen experimentellen Umgang mit Geometrien und freien Formen.

Bert Bielefeld, Herausgeber

Das Architekturmodell
als Darstellungsmedium

Was ist Modellbau?   Der Modellbau wurde mit den Anfängen der Renaissance in Italien zum wesentlichen Darstellungsmittel in der Architektur. Er ergänzte nicht nur die Zeichnungen der Baukünstler, sondern stand oft auch im Vordergrund bei der Vermittlung von Ideen und Räumen. Seit dieser Zeit verwenden vor allem Architekten, aber auch Bauingenieure und nicht zuletzt die Bauherren selbst das Modell als Möglichkeit, den geplanten Bau darzustellen.

Der Architekturmodellbau ist neben der Planzeichnung – Entwurfsskizze wie der technischen Planzeichnung – das Medium, das zur Darstellung von Gebäuden und Räumen Verwendung findet. Doch Pläne existieren nur auf zweidimensionaler Ebene. Ist der Entwurf, das Projekt, durchdacht, sind Skizzen und Details gezeichnet worden, geht es nun um das räumliche Objekt. Zwar gibt erst das Gebaute vollkommen Aufschluss über die dreidimensionale Wirkung, aber das Modell nimmt den späteren Bauprozess vorweg. So gesehen ist der Modellbau Architektur in kleinerem Maßstab. Insbesondere in der Ausbildung der Architekturstudenten ist das Arbeiten mit Modellen von Bedeutung, da sie keine Möglichkeiten haben, ihre Entwürfe zu realisieren.

Motivation: Warum baue ich ein Modell?   Natürlich ist ein Modell nicht unbedingt notwendig, um eine Planungs- oder Bauaufgabe erfolgreich zu gestalten, aber es kann in vieler Hinsicht eine nützliche Hilfe sein: Durch den Effekt der Verkleinerung im Modell kann die Qualität eines Entwurfs überprüft werden. Vor dem Auge des Entwerfenden entsteht ein Gefühl für Raum, Ästhetik und Stofflichkeit. Außerdem kann der Entwerfende mit Hilfe des Modells sich selbst und andere von der Qualität seiner Idee und seines Projekts überzeugen; das Modell dient ihm darüber hinaus auch als Kontrollmedium, bevor das Bauwerk ausgeführt wird.

Arbeitsmodell – dreidimensionale Skizzen   Oft wird bereits der Anfänger im ersten Semester des Architekturstudiums mit der Herausforderung des Modellbaus konfrontiert. Dabei wird schnell klar, dass der eventuell aus der Kindheit bekannte Modellbau von Eisenbahnen, Flugzeugen oder Schiffen mit den Anforderungen im Studium nichts zu tun hat. Der grüne Modellrasen aus der HO-Anlage ist für Professoren und Assistenten nicht von Interesse. Was früher Spielzeug war, ist jetzt berufliche Realität.

Wie geht man also vor? Bei einer Entwurfsaufgabe wird meist ein Modell in vorher festgelegtem Maßstab gefordert, das bei der Bewertung der vorgeschlagenen Lösung eine wichtige Rolle spielt. Ob man beim Entwerfen ein Modell verwendet oder nicht, hat viel damit zu tun, wie man entwirft und wie sich der Entwurf entwickelt. Ist ein Raumgefüge

Abb. 1: Architekturmodelle dienen zur Vermittlung von Räumlichkeit (Dreidimensionalität), Struktur, Außenraumwirkung und Innenraumwirkung.

komplexer und mit Hilfe der zweidimensionalen Zeichnung nicht mehr zu begreifen, so ist das Modell sogar die einzige Methode, um den Entwurf zu entwickeln und zu überprüfen. Einfache und simple Modelle, sogenannte „Arbeitsmodelle", helfen dem Entwerfenden, die Lösung zu finden oder eine Idee zu verwerfen, wenn die Überprüfung am Modell nicht geglückt ist. ○

Das Arbeitsmodell begleitet den gesamten Entwurfsprozess. Ist dieser abgeschlossen, gilt es, die für den Entwurf wesentlichen Ideen und Konzepte zu veranschaulichen. Der Betrachter soll nun von dem Konzept und der Machbarkeit der vorgeschlagenen Lösung überzeugt werden. ∎

○ **Hinweis:** Arbeitsmodelle heißen so, weil man mit ihnen „arbeiten" kann. Sie können und sollen sogar modifiziert und verändert werden, auch wenn ihre Qualität darunter leidet. Hilfreich ist deshalb die Verwendung einer Modellkonstruktion, die sich einfach wieder zerlegen und neu zusammenfügen lässt: z. B. durch Montagekleber wie FIXOGUM, den man einfach wieder lösen kann, oder die Verbindung von Pappwänden mittels Stecknadeln. Sobald zwei Teile miteinander verklebt werden, hat man sich innerlich schon für diese Form entschieden. Genau darum geht es beim Arbeitsmodell nicht.

∎ **Tipp:** Arbeitsmodelle, die experimentell den Entwurfsprozess begleiten, können sehr gut auch für die Präsentation verwendet werden, wenn sie entsprechend verfeinert werden. Wichtig ist lediglich, die Montage der Teile (Gebäudekörper, Höhenschichtenplatten usw.) nur provisorisch vorzunehmen, damit das Modell veränderbar bleibt und bei der Arbeit unnötige Flecken und Beschädigungen vermieden werden. Späteres Lackieren oder Streichen mit Farbe ist eine gute Möglichkeit, ein Arbeitsmodell zu „veredeln".

Präsentationsmodelle – Darstellen und Überzeugen

Das Präsentationsmodell markiert den Abschluss der Planung und ist oft sehr perfekt und unter hohem Einsatz hergestellt. An den Hochschulen wird mit Hilfe dieses Modells die Entwurfsidee – das Konzept – vermittelt. Bei Architektur-Wettbewerben repräsentiert es die Lösung und steht in Konkurrenz zu den Entwürfen anderer Teilnehmer. In beiden Fällen ergänzt das Modell die präsentierten Pläne. Oft werden bei zeichnerischen Präsentationen neue Medien verwendet: dreidimensionale Darstellungen, von Computern erstellt und gerechnet, vermitteln ein nahezu reales Bild von dem zukünftigen Aussehen eines Bauwerks. Fotorealistische Darstellungen sind eine weitere moderne Methode, um ein dreidimensionales Raumerlebnis zu schaffen. Das Modell kann dies so nicht leisten, es bleibt auf seine Weise immer abstrakt zur dargestellten Wirklichkeit. Seine einzige wirkliche Funktion ist die Umsetzung der gezeichneten Idee in eine plastische Form.

■ **Tipp:** Im Stress der Entwurfsabgabe ein Präsentationsmodell zu bauen, ist immer eine schwierige Aufgabe. Effizient und zeitsparend kann es sein, bereits von Anfang an Teile des Modells vorzufertigen oder das Umgebungsmodell als Arbeits- und Präsentationsmodell zu benutzen. Ein Präsentationsmodell muss nicht perfekt und mit den besten Materialien gebaut sein – es genügt, ein ausdrucksstarkes Modell zu haben.

Modelltypologien

Ein Modell ist ein mehr oder weniger abstraktes, aber in jedem Fall verkleinertes Abbild der Wirklichkeit. Was heißt Abstraktion beim Modellbau? Das Gegenteil von Abstraktion ist Gegenständlichkeit – in der Malerei bedeutet dies, dass ein Gegenstand in der Abbildung möglichst genau so dargestellt wird, wie er in Wirklichkeit ist. Abstraktion im Architekturmodell meint hingegen, dass der Inhalt, die Aussagefähigkeit des Dargestellten, die Fokussierung von räumlichen Begebenheiten im Vordergrund stehen. Es geht weniger um die möglichst reale Abbildung des Wirklichen. So liegt der Schwerpunkt im Vereinfachen, um den Blick auf das Wesentliche der Darstellung zu lenken. Sehr wichtig ist es, in Abhängigkeit des gewählten Maßstabes die geeignete Form der Abstraktion zu finden. Am Beispiel eines Fensters wird dies deutlich: Im Maßstab 1:200 ist es meist als präzise geschnittenes Loch in der Wandfläche des jeweiligen Materiales dargestellt. Im Maßstab 1:50 wird ein Fenster schon sehr viel besser sichtbar. Die Verglasung wird mit transparentem Material eingebaut, der Fensterrahmen mit Profilen ist ebenfalls vorhanden. Oder nehmen wir die Fassadenbekleidung: Im kleineren Maßstab wird sie gar nicht dargestellt, im größeren Modell kommt die Relevanz dieses Aspekts durchaus zum Ausdruck. Durch die Auswahl des geeigneten Werkstoffes kann die Fassade realistisch dargestellt werden.

Abstraktion – der Trick des Verkleinerns

Die Entscheidung für den Maßstab, der einer Darstellung zu Grunde liegt, steht ganz am Anfang des Modellbaus. Anhand der Dimensionen, in denen ein architektonisches Objekt überhaupt dargestellt werden kann, wird die Rolle des Maßstabes deutlich. So existieren auf Grundlage des Darstellungsmaßstabs und des Abstraktionsgrades einige Modelltypologien, die im Folgenden erläutert werden.

Zusammenhang von Maßstab und Darstellung

Abb. 2: Fensterdarstellung in unterschiedlichen Maßstäben

● **Example:** Eindruck und „Charakter" von Oberflächen sollen in der Miniatur zum Ausdruck kommen: Raue und schroffe Materialien kann man durch Anschleifen oder Aufrauen von Pappe oder Holz simulieren.
Strukturen können z. B. wie folgt „übersetzt" werden:
- Holzverkleidungen werden im Modell mit kleinen oder kleinsten Stücken nach demselben Prinzip wie in der Wirklichkeit nachempfunden.
- Ziegelsteinfassaden werden mit Hilfe von eingeschnittenen Fugen in das Material der Oberfläche gezeichnet.
- Stützen und Träger können in Dimension und Form wie in der Realität umgesetzt werden.

KONZEPTMODELLE (OHNE KONKRETEN MASSSTAB)

Ein räumliches Piktogramm kann man im Prinzip als Konzeptmodell bezeichnen. Die einem Entwurf oder einer gestalterischen Konzeption zugrunde liegende Idee wird ganz abstrakt (zum Beispiel auf Grundlage einer Metapher) in ein räumliches, dreidimensionales Objekt übertragen. Material, Form und Farbe heben Strukturen und Kompositionen hervor. Auf diese Weise können zum Beispiel Ergebnisse von stadträumlichen Analysen am Anfang eines Entwurfsprozesses sichtbar gemacht werden. Durch die Beschäftigung auf einer räumlichen, aber gegenstandslosen Ebene mit Thema und Ort verändert oder verbessert man die Sicht auf den Ort, das Modell unterstützt diesen Ansatz.

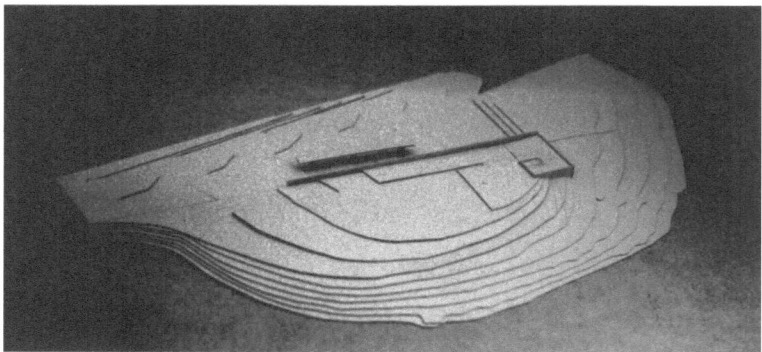

Abb. 3: Konzeptmodell

STÄDTEBAU- UND LANDSCHAFTSMODELLE, GELÄNDE UND TOPOGRAFIE (MASSSTAB 1:1000, 1:500)

Diese Modellform dient zur Darstellung eines stadträumlichen oder naturräumlichen Kontextes. Sie steht in der Reihenfolge der Darstellungsschritte an erster Stelle, da sie den Zusammenhang mit einer vorhandenen Umgebung darstellt. Es ist im Stadtraum beispielsweise wichtig aufzuzeigen, wie sich eine Situation durch das Hinzufügen von neuen Volumen verändert.

Zugleich besitzt diese Art von Modell den größten Grad an Abstraktion. Gebäude sind auf „Bauklötze" reduziert – abstrakte Volumen, die nur noch vereinfacht Form und Kubatur wiedergeben, wobei allerdings die charakteristischen Merkmale von Gebäuden wie Vor- und Rücksprünge, Erker oder Dachform zur Darstellung kommen. Das „Gelände", sozusagen

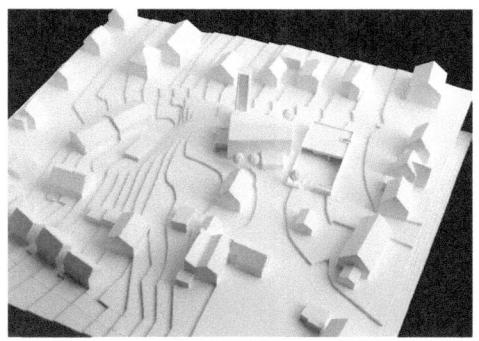

Abb. 4: Städtebauliches Modell mit Darstellung der Umgebung

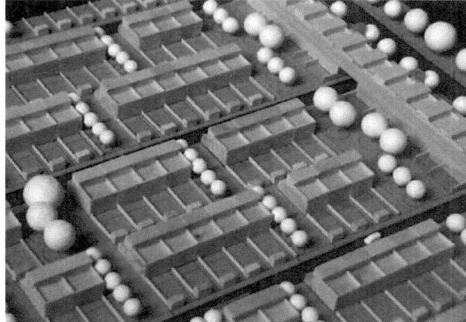

Abb. 5: Kontrastierende Werkstoffe zeigen das entwurfliche Konzept.

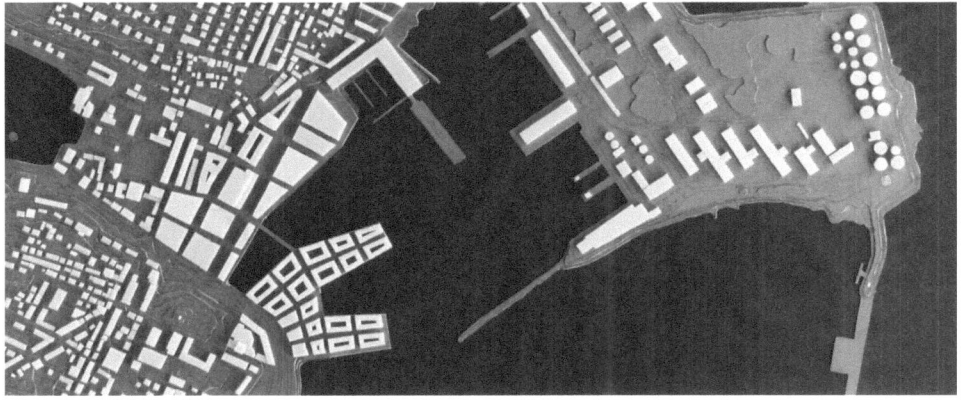

Abb. 6: Städtebaumodell Reykjavik – Darstellung von Stadt und Wasser

die verkleinerte Landschaft, ist in der Abstraktion vereinfacht als ebene Fläche im Werkstoff umgesetzt. Wenn das Gelände im topografischen Sinne geneigt ist, kann es für die Darstellung in horizontale Schichten zerlegt und auf diese Weise im Modell „aufeinander gestapelt" werden.

Schichtenmodell

Wird ein unebenes Gelände im Modell nachgebaut, wird im ersten Schritt das natürliche, ungeordnet verlaufende Gelände in Schichten zerlegt. Je feiner die Schicht durch den Werkstoff hergestellt werden kann, desto präziser oder homogener ist das Ergebnis (Materialstärke der Höhenschichten 1,0 mm oder 2,0 mm). Als Grundlage dient ein Plan, der entweder den Höhenverlauf beinhaltet (eingetragene Höhenlinien) oder mindestens Höhenangaben enthält. In Kenntnis der wirklichen Situation werden die Höhenlinien zeichnerisch ermittelt (natürlich verlaufende Linien, organisch oder geradlinig, polygonal). Je nach Material kann man mit Schneidemesser oder Säge die jeweilige Schicht herausschneiden und zusammenfügen.

Einsatzmodelle

Um den Aufwand bei Präsentationen mehrerer Entwürfe zu einer Aufgabe zu verringern, werden oft städtebauliche Modelle als Einsatz- bzw. Gruppenmodelle gebaut. Das Umgebungsmodell wird dabei nur einmal erstellt. Jeder Teilnehmer erhält lediglich eine Grundplatte des zu bearbeitenden Ausschnitts. Dieser Ausschnitt ist im städtebaulichen Modell ausgespart, so dass die Einsätze gewechselt werden können.

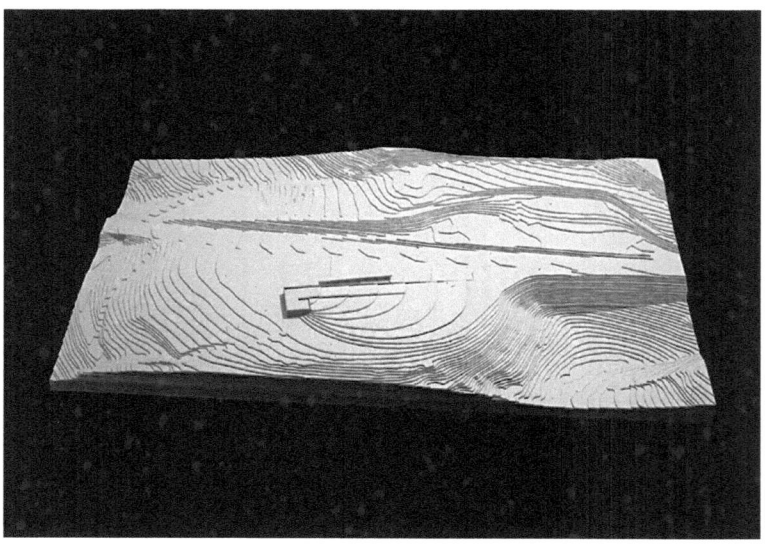

Abb. 7: Dreidimensionales Schichtenmodell aus 1,0 mm starker Graupappe

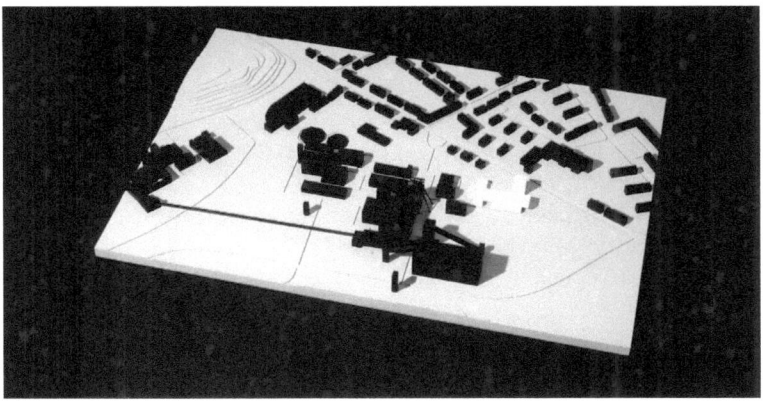

Abb. 8: Derselbe Entwurf im Maßstab 1:1000, ...

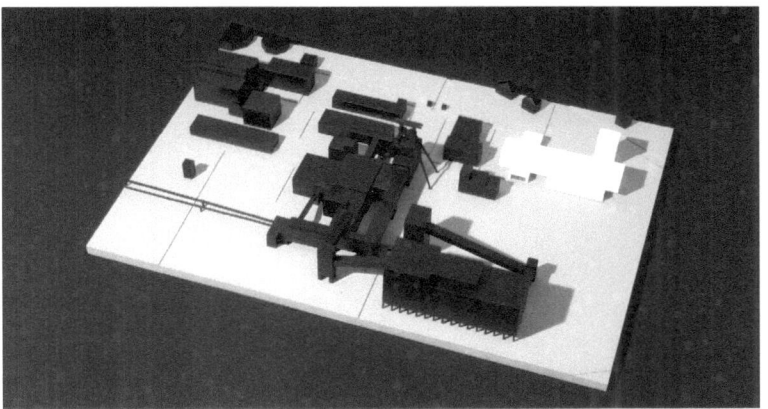

Abb. 9: im Maßstab 1:500 ...

Abb. 10: ... und im Maßstab 1:200

ARCHITEKTUR-/GEBÄUDEMODELLE (MASSSTAB 1:200, 1:100, 1:50)

Das Gebäudemodell ist das häufig verwendete und anschauliche Medium zur Simulation eines architektonischen Entwurfes. Größere Objekte wie Museen, Schulen oder Kirchen werden meist im Maßstab 1:200 wiedergegeben, im Wettbewerbswesen wird auch oft der Maßstab 1:500 verwendet. Stärker als beim städtebaulichen Modell spielen neben Kubatur und Volumen die vielen Gestaltungs- und Entwurfsmerkmale eine übergeordnete Rolle.

Umsetzung der Zeichnung in das Modell

Von Bedeutung ist die Gestalt der Fassade. In der Verkleinerung stechen die Aspekte ins Auge, die außen an der Hülle sichtbar sind:
— Fassade – Oberfläche, Strukturen, Merkmale, Umsetzung der Materialität
— Öffnungen und deren Füllungen (Fenster) – Fensterlaibung, Wandstärken
— Dachform und Dachausbildung – spezifische Details wie Dachüberstand oder Attika

Das Gebäudemodell kann aber darüber hinaus auch Informationen zu Innenraum und Gebäudestruktur beinhalten. So ist ein Schnittmodell (zweigeteiltes Gebäudemodell auf separaten Grundplatten) sehr gut geeignet, um Einblicke in relevante Innenräume zu ermöglichen. Eine

Abb. 11: Darstellung in unterschiedlichen Maßstäben: Gebäudemodell 1:200 und Tragwerksmodell 1:50

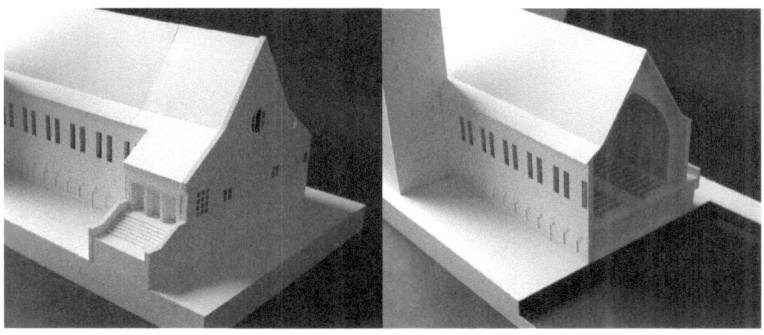

Abb. 12: Schnittmodell Kirche (geschlossen und offen)

Abb. 13: Schnittmodell Kirche (Blick in den Innenraum)

Alternative ist ein abnehmbares Dachelement, so dass man von oben in das Modell hineinschauen kann, auch in Kombination mit herausnehmbaren Geschossebenen oder weiteren Innenbauteilen.

Je nach Entwurfsansatz ist die Zerlegung eines Modells in seine strukturellen oder konzeptionellen Bestandteile hervorragend geeignet, um die Anschaulichkeit zu erhöhen.

INNENRAUMMODELLE (MASSSTAB 1:20, 1:10, 1:5, 1:1)

Bei der Darstellung von Räumen wie einer Bar, einer Kapelle oder zur Darstellung eines Wohnraumteiles ist es oft von Vorteil, mit einem Modell präzise und detailliert eine reale Situation zu simulieren. Bei diesen Modellen spielt die Abstraktion nur noch eine untergeordnete Rolle. Vielmehr ist die Umsetzung realer Objekte und Werkstoffe ins verkleinerte Modell die eigentliche Aufgabe.

Wie können (Ober-)Flächen, Bauteile und Objekte verkleinert wiedergegeben werden, ohne ihre Wirkung für das Ganze zu verlieren? Am Beispiel eines Innenraummodells für eine Kapelle soll dies erläutert werden: Der Entwurf sieht für die reale Umsetzung einige wenige Materialien vor, die im Kontrast einfach zueinander kombiniert sind und die unterschiedliche materialspezifische Eigenschaften besitzen, die für die Atmosphäre des Raumes und die gesamte Konzeption wichtig sind. Der darzustellende Bodenbelag – in diesem Fall Linoleum – wird auch mit diesem Material dargestellt. Weiß gestrichene Putzflächen sind im Modell ebenfalls weiß gestrichene Flächen, wofür Holzwerkstoffplatten verwendet werden können. Glas wird mit Glas dargestellt. Das Modell ist also im Ergebnis neben dem Raummodell auch eine Materialcollage.

Abb. 14: Innenraummodell einer Kapelle – Maßstab 1:10

Abb. 15: Innenraummodell eines Teesalons – Maßstab 1:20

Ganz allgemein gilt: Die Übersetzung ins Modell muss bei den Faktoren am besten gelingen, welche die Wirkung eines Gebäudes in der Realität am stärksten und eindrücklichsten beeinflussen. Dann ist das Modell eine aussagefähige Darstellung eines Raumes. Oftmals erzielt man mit dem Innenraummodell den verblüffenden Effekt, in einer fotografischen Abbildung den Modellraum nicht sofort eindeutig von der wirklichen Raumsituation unterscheiden zu können.

DETAILMODELLE (MASSSTAB 1:20, 1:10, 1:5, 1:1)
Detailmodelle finden eine Anwendung im Bereich der Innenraumgestaltung oder auch als baukonstruktives bzw. technisches Modell (Ausschnittsmodell). Prinzipiell ist dies bis zum Maßstab 1:1 möglich, wobei man dann vielleicht besser von einem Prototyp sprechen sollte. Bei der Ausstattung von Detailmodellen gilt es zu entscheiden, ob Mobiliar, Leuchten und ähnliche Details in die Darstellung mit aufgenommen werden sollen – und wie man dies geschickt umsetzt. Der Kreativität sind keine Grenzen gesetzt, wenn es um die Zweckentfremdung gefundener Gegenstände geht, die Grundlage für einen Stuhl oder einen Tisch im Maßstab 1:10 sein oder als vereinfachter Bauklotz oder abstrahiertes Volumen dienen könnten.

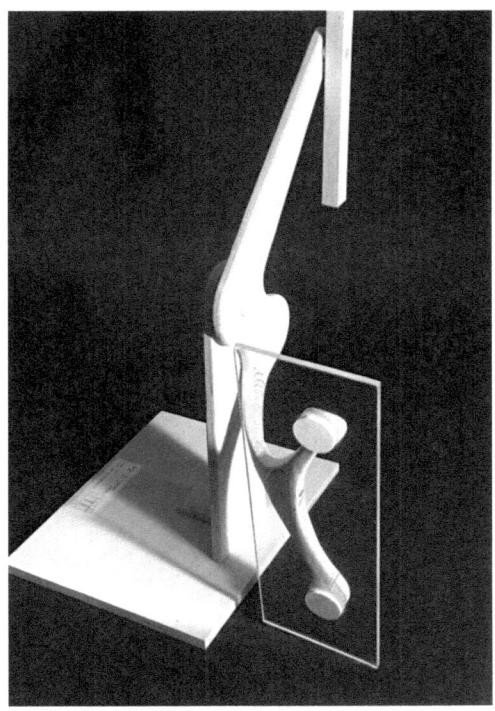

Abb. 16: Anschlagspunkt eines beweglichen Sonnenschutzes – Maßstab 1:1

Abb. 17: Schrankgriff aus Multiplex-Sperrholz – Maßstab 1:1

Gestaltung und Konzeption

Beim gestalterischen Prozess, den die Anfertigung eines Modells darstellt, ist neben den richtigen Arbeitsmitteln, Werkzeugen und Werkstoffen >Kap. Ausrüstung – Werkzeuge – Arbeitstechniken auch ein Gestaltungskonzept vonnöten. Denn im Ergebnis soll ein Architekturmodell ein ästhetisches Objekt sein, das inhaltlich wie gestalterisch und handwerklich überzeugt. Die folgenden Erläuterungen helfen bei der Gestaltungskonzeption:

— Farbigkeit – monochrome oder polychrome Modelle
— Materialkontraste – Gegensätze der Materialeigenschaften
— Komposition
— Proportionen
— Feinheit – Grobheit („Abstraktion")

<small>Auch ein Modell benötigt ein Konzept!</small>

FARBE UND MATERIAL

Ist zu entscheiden, ob das Modell aus Holz, Pappe, Metall oder Kunststoff gebaut wird, schließt sich sofort die Frage an, wie viele verschiedene Materialien insgesamt benötigt werden. Grundsätzlich genügt ein Stoff, wenn er vielseitig verarbeitet werden kann. Die Einheitlichkeit in Farbe und Beschaffenheit der Oberfläche hat den Vorteil, dass nicht das Material oder das Modellobjekt an sich im Vordergrund stehen, sondern der dargestellte Raum. Dieser Ansatz, ein Modell „monochrom" zu bauen, wird häufig angewendet. Gerade im Bereich der Architekturwettbewerbe werden die meisten Modelle als so genannte „weiße Modelle" aus Gips und Polystyrol-Kunststoffen gebaut, um die Aufmerksamkeit des Betrachters nur auf das architektonische oder städtebauliche Projekt zu fokussieren. Bei Holzmodellen genügt meist eine Holzart. Es ist offensichtlich, dass die Ästhetik des eingesetzten Werkstoffes am besten zur Geltung kommt, wenn nicht andere Komponenten davon ablenken. Sollte eine Differenzierung dennoch sinnvoll sein, so kann man immer noch mit Hilfsmitteln wie Farben oder Klarlackierungen arbeiten. >Kap. Werkstoffe – Materialien Inhaltlich ist die Differenzierung von Elementen oder Oberflächen Teil des gestalterischen Konzeptes. Es ist deshalb ein probates Mittel, diese Mixtur aus verschiedenen Elementen im Modell eins zu eins umzusetzen.

<small>Monochrome Modelle</small>

Abb. 18: Gebäudemodell in drei Farben: Gelände – grau, Gebäude – anthrazit-schwarz und naturbraun (Gesamtmodell 1:200 und Ausschnitt Detail 1:50)

Einige architektonische Beispiele:
- Glatte Putzoberflächen werden mit grobem, strukturiertem Ziegelsteinmauerwerk kombiniert.
- Massive Bauteile aus Stein oder Beton sind im Dialog mit leichten, filigranen Holz- oder Stahlkonstruktionen.
- Transparente oder transluzente Elemente (Gebäudehülle aus Glas) stehen in Verbindung mit einem opaken, undurchsichtigen Körper.

Im Prinzip wird ein Gegensatz, der Teil einer architektonischen Idee ist, auch im Modell als solcher präsentiert. Eine Abstraktion im Sinne der Materialreduktion hat in diesem Fall nicht die Klarheit und Prägnanz, die notwendig ist. Zu beachten ist, dass die Kombination unterschiedlicher Stoffe auf das Notwendige beschränkt bleibt, um das Modell nicht mit Material zu überfrachten.

KOMPOSITION UND PROPORTION

Eigentlich wiederholt sich im Modellbau der Prozess, der schon beim Entwurf stattgefunden hat. Es geht um die Frage, wie Material in Kontrast und Gegensatz zueinander gestellt wird – harte und weiche Stoffe, helle und dunkle, schwere und leichte, grobe und feine. Gerade hier sind viele Experimente erforderlich, bis alle Werkstoffe für das Modell ausgesucht sind und die Komposition der Materialien das widerspiegelt, was man dem Betrachter mitteilen möchte. Erst danach sollte man mit dem eigentlichen Bau beginnen.

Zusammenspiel der Elemente

Wie „komponiert" man ein Modell? Ziel ist, mit den Mitteln des Modellbaus den Entwurfsgedanken auf subtile Weise zu steigern.

Der Modellbauer muss zunächst folgende Überlegungen anstellen:
- Wie ist der Ausschnitt zu wählen, damit das Gebäudemodell im Verhältnis zur Größe der gesamten Darstellung steht?

> ■ **Tipp:** Allein Größe und Format der Grundplatte beeinflussen die Wirkung eines Modells. Mit einer quadratischen Form, dem Goldenen Schnitt oder dem Seitenverhältnis 1:2 sowie der Anpassung an das dazugehörige Planformat liegt der Modellbauer fast immer richtig. Eine andere Möglichkeit ist es, sich an der Form des Gebäudes zu orientieren: Ein langer, schmaler Baukörper wird durch eine noch längere und schmale Platte in der Wirkung eventuell noch gesteigert.

— Ist das Projekt im Mittelpunkt der Darstellung positioniert oder gibt es Gründe, diesen Grundsatz zu verlassen?
— In welchem Verhältnis (Farbe, Materialität, Proportionen) stehen die einzelnen Elemente zueinander, aus denen das Modell gefügt ist?

■

ABSTRAKTION UND DETAILTREUE

Neben der Entscheidung für die richtigen und passenden Materialien bestimmt die Art der Darstellung wesentlich das Ergebnis. Wichtig ist, dass sich in allen Bauteilen des Modells derselbe Grad der Abstraktion wiederfindet. Es hat beispielsweise wenig Sinn, das Gelände und die umgebende Bebauung präzise wiederzugeben und gleichzeitig beim Entwurf des neuen Gebäudes abstrakt zu bleiben.

Durch die Festlegung auf den Darstellungsmaßstab ergibt sich der Grad der Abstraktion. Im Sinne des Modellbaus bedeutet Abstraktion die Reduktion auf das Wesentliche, alles andere kann vernachlässigt oder weggelassen werden. Was aber sind die wesentlichen Inhalte?

In diesem Zusammenhang ist es wichtig, sich über die Wirkung des gewählten Abstraktionsgrades im Klaren zu sein: Ein präzises und detailliert ausgeführtes Modell erhebt den Anspruch, auch einen überlegten und im Detail durchdachten Entwurf darzustellen. Wenn dem Betrachter durch das Modell viel Information vermittelt wird, ist der Raum für eigene Vorstellungen vergleichsweise gering. Je mehr das Modell durch Detailtreue einer Miniatur des Realen entspricht, desto mehr verfestigt sich die Vorstellung auf eine konkrete gestalterische Absicht. Als Faustregel gilt: Bauherren und Laien gegenüber ist Detailtreue von Vorteil. Je mehr das Modell der Realität angenähert wird, desto klarer wird der Eindruck von dem Gebäude, von der Architektur.

Abstraktion = Freiraum für Interpretation

Abb. 19: Beispiele verschiedener Abstraktionsgrade

Bis zu welchem Grad ist Detailtreue möglich? Im Prinzip sind die Möglichkeiten nur durch das technisch oder zeitlich Machbare begrenzt. Wenn aber eine Fensteröffnung im Maßstab fast zu klein ist, um sie ordentlich mit dem Messer herauszuschneiden, ist es besser, auf dieses Detail zu verzichten.

Die abstraktere, weniger konkrete Darstellung bringt hingegen eher Prinzipien und Gedanken zum Ausdruck, der Inhalt wird durch Details noch ergänzt. Das Modell bleibt auf der konzeptionellen Ebene. Architekten bevorzugen oft solch eine minimalistische Form der Darstellung, um für die individuelle Vorstellungskraft und Interpretation der möglichen realen Umsetzung viel Freiraum zu erhalten. Man will sich nicht festlegen.

Im Zusammenhang mit dem Grad der Abstraktion ist auch die Staffage im Modellbau zu erwähnen. Für den Laien wird oftmals eine konkrete Vorstellung erleichtert, wenn neben der Architektur und dem Gelände auch Elemente dargestellt sind, die aus der täglichen Erfahrung bekannt sind. Hierzu zählen Fahrzeuge, Bäume und Pflanzen sowie natürlich auch Menschen. In der Wirklichkeit ist der „menschliche Maßstab" das Maß aller Dinge, im Modell ist diese Verhältnismäßigkeit nicht gegeben. >Kap. Werkstoffe – Materialien, Staffagen, Bäume und Figuren Staffage

Der Modellbau wird häufig mit Begriffen wie Perfektionismus, exakte Bearbeitung des Materials oder präzise Ausführung verbunden. Beim Bau eines Präsentationsmodells sind diese Anforderungen im Prinzip auch gerechtfertigt. Aber diese Kriterien allein machen noch kein gutes Modell, sie sind nicht einmal Bedingung dafür. Die Idee kann auch ohne großen Aufwand klar und anschaulich dargestellt werden. Wichtiger als Perfektion ist die „Handschrift" des Modellbauers, die dem Modell die notwendige Ausdruckskraft verleihen kann. Auf diese Weise kann eine „grobe" Ausführung und Darstellung ebenso als gestalterisches Mittel verwendet werden wie die genaue Umsetzung des Großen in die Miniatur. Präzision

Ausrüstung – Werkzeuge – Arbeitstechniken

So mancher Student fühlt sich mit dem Basteln von kleinen räumlichen Objekten in seiner Leidenschaft für den gewählten Beruf bestätigt, andere ziehen den weichen Bleistift dem Handwerkszeug des Modellbauers vor. Dennoch: Mit Beginn des ersten Semesters wird jeder Architekturstudent mit den Anforderungen des Modellbaus konfrontiert. Welches ist also der einfachste Weg, ein Modell zu bauen?

SCHNEIDEN

Am einfachsten ist es, mit dem Schneidemesser („Cutter") und einem Stück Pappe oder Karton zu arbeiten. Der Cutter stellt in der Tat ein unabdingbares Werkzeug dar, denn dieses Instrument ermöglicht das Bearbeiten zahlreicher Werkstoffe in den unterschiedlichsten Ausgangsformen. Es ist ein einfaches Gerät, preiswert in verschiedenen, dem jeweiligen Verwendungszweck angepassten Ausführungen erhältlich. Zu empfehlen ist jedoch ein qualitativ hochwertiges Produkt, das mehr ist als ein einfaches Teppichmesser aus dem Baumarkt. Die Klinge muss eine gute Führung besitzen, damit das Messer beim Arbeiten nicht wackelt. Es muss optimal in der Hand liegen, damit es sich gut führen und greifen lässt. Die Auswahl des geeigneten Cutters ist ebenso wichtig wie die des richtigen Stiftes.

Neben dem Universalwerkzeug Cutter sind im Fachhandel auch spezielle Ausführungen von Schneidewerkzeugen erhältlich. Mit Skalpellen, wie sie in ähnlicher Weise in der Medizin verwendet werden, lassen sich kleine und feine Schnitte in den Werkstoff bewältigen. Sie sind beispielsweise beim Ausschneiden kleiner Fensteröffnungen in Pappe sehr hilfreich.

○ **Hinweis:** Viele Modellbauer haben – vor allem unter Termindruck – im Umgang mit dem Schneidemesser schmerzhafte Erfahrungen gemacht. Grundsätzlich sollten alle Werkzeuge mit großer Vorsicht gehandhabt und auch nur für geeignete Arbeiten eingesetzt werden, um die Verletzungsgefahr zu reduzieren. Es ist also unsinnig, mit einem Cutter ein hartes Holzprofil zu bearbeiten, da die Gefahr des Abrutschens groß ist.

■ **Tipp:** Der Cutter sollte beim Schneiden der Pappe so flach wie möglich geführt werden. So erhält man im Ergebnis eine saubere und präzise Schnittkante. Dies wird oft falsch gemacht, dann reißt das Material schnell auf. Gleichzeitig erhöht sich die Verletzungsgefahr, da man mit der scharfen Klinge leicht abrutschen kann.

| stumpf gestoßen | überlappend gestoßen | auf Gehrung gestoßen |

Abb. 20: Möglichkeiten, Werkstoffe an der Ecke zu verbinden

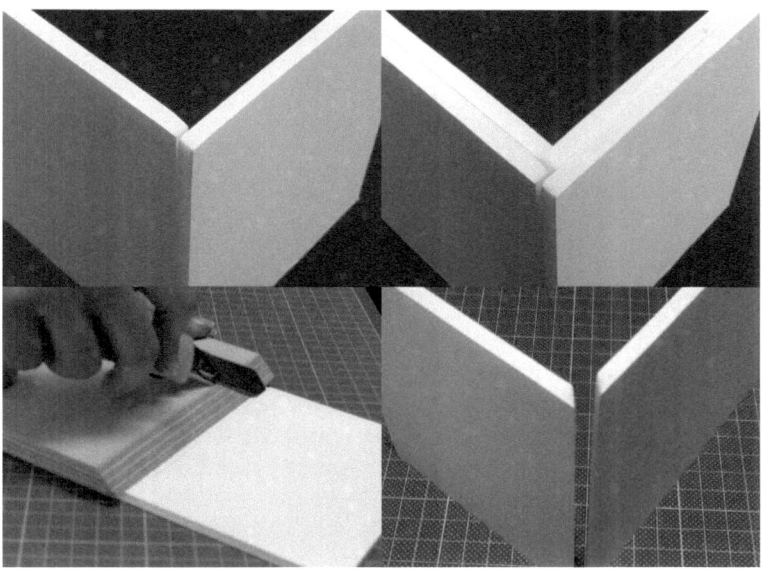

Abb. 21: Eckausbildungen – Beispiele und Herangehensweise

Wie geht man beim Schneiden vor? Zuerst sollten die nötigen Schnittkanten mit einem dünnen Stift aufgezeichnet werden; nach dem Schneiden sind sie nicht mehr sichtbar. Die Kanten werden am einfachsten senkrecht zur Oberfläche eingeschnitten, damit beim Zusammenfügen die einzelnen Teile stumpf aufeinander gefügt oder geklebt werden können.

Bei Eckverbindungen kann einfach in einem Winkel von 45° in den Werkstoff eingeschnitten werden, so dass die Werkstücke später „auf

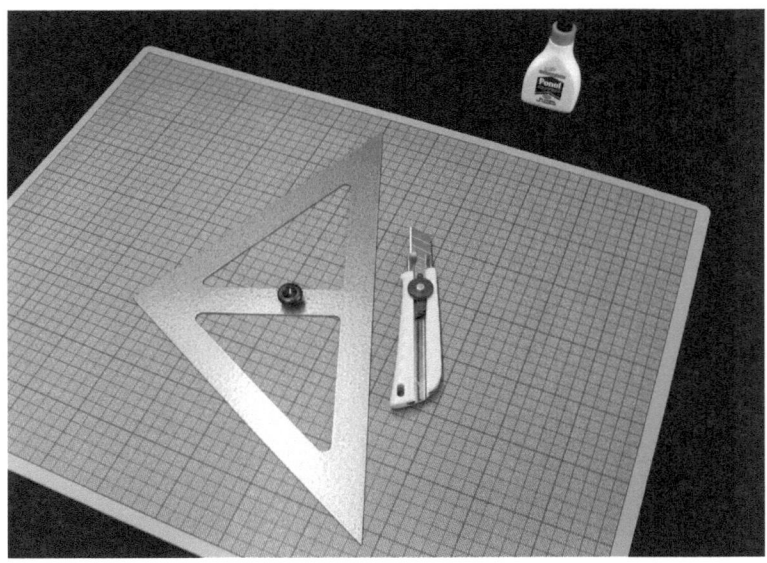

Abb. 22: Grundausstattung für den Architekturmodellbau – Cutter, Schneidelineal und Schneidematte sowie Klebstoff

Gehrung" verbunden werden können. Hierfür gibt es besondere Cutter mit einer schräg geführten Klinge. Auch die Anfertigung einer Art Schablone (ein Holzbrett mit schräg (45°) geschliffener Kante, an der jedes handelsübliche Messer geführt werden kann) ist möglich.

Ansonsten dient zur Führung des Messers ein Lineal mit metallischer Schneidekante, so dass der Schnitt linear und gerade ist. Ein weiteres notwendiges Utensil ist eine geeignete, also harte Unterlage zum Schneiden, weil sie sowohl die Tischfläche schont wie auch die Qualität des Schneidens gegenüber einer weichen Unterlage verbessert. Empfehlenswert ist eine Schneidematte aus Kunststoff.

Um einfache und zweckmäßige Arbeitsmodelle aus Pappe und Karton zu bauen, genügen diese wenigen Werkzeuge. Zur intensiveren Bearbeitung gibt es weitere Hilfsmittel:

— Schleifpapier: notwendig zur Oberflächenbearbeitung, zur Nachbearbeitung der Schnittkanten und zum Entgraten von ausgeschnittenen Öffnungen. Am besten zu gebrauchen ist Schleifpapier, wenn es eine feste und stabile Unterlage hat, zum Beispiel einen Schleifklotz oder ein Schleifholz, so dass es gut über die Oberfläche des Werkstücks geführt werden kann.

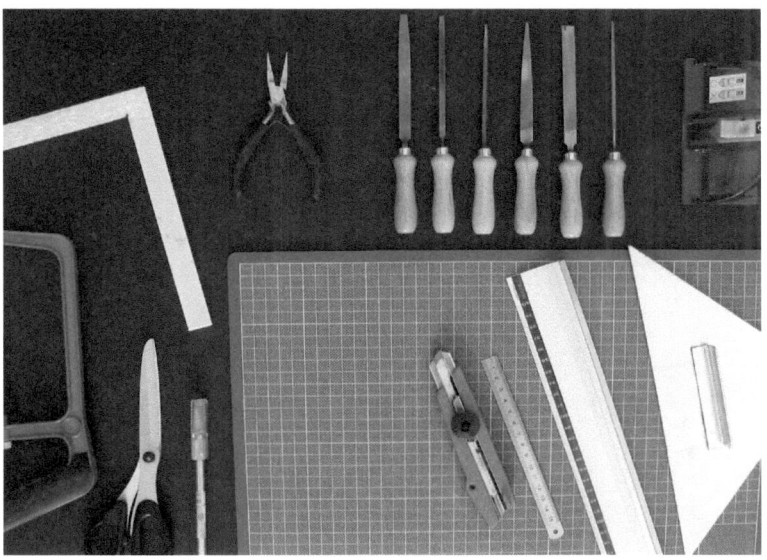

Abb. 23: Einfache Werkzeuge im Architekturmodellbau

- Feile: gut geeignet zur Nachbearbeitung von Ecken und Kanten unterschiedlicher Materialien. Feilen werden sowohl für den Werkstoff Holz als auch für Metalle angeboten. Kunststoffe lassen sich in der Regel mit denselben Werkzeugen bearbeiten, die auch die Eignung für Metalle haben. Kunststoffprofile beispielsweise lassen sich hervorragend mit einer feinen Eisensäge abschneiden.
- Pinzette: vergrößert die Präzision der Hand, kleinste Bauteile können bearbeitet werden. Gerade in kleinen Maßstäben, bei denen Einzelteile des Modells nur noch wenige Millimeter groß sind, ist es fast unmöglich, die Teile mit den Fingern zu fassen.
- Messwerkzeug („Schieblehre"): zum genauen Messen von Durchmessern und Querschnitten. Das geübte Auge sieht im kleinen Maßstab kleine oder kleinste Maßdifferenzen. Aus diesem Grund ist das präzise Messen ein essenzieller Bestandteil bei der Arbeit des Modellbauers. Die Präzision geht in Bereiche von bis zu 1/10 Millimeter. Das Messen in diesen Bereichen ist mit „normalen" Linealen nicht zu bewerkstelligen.
- Messwerkzeuge (Lineal und Maßstabsskalen): zum präzisen Einmessen von Längen und Maßen.

> ■ **Tipp:** Bevor man mit dem Zusammenfügen eines Modells mit Klebstoff beginnt, sollte man sich über den geeigneten Kleber informieren. Meist werden die Klebstoffe in Behältern angeboten, die keine geeignete Möglichkeit bieten, den Kleber richtig aufzutragen. Fälschlicherweise wird daher oft zu viel Kleber verwendet, der dann meist unschöne Flecken hinterlässt.
> Um dies zu vermeiden, kann man sich in Apotheken eine handelsübliche Spritze mit größerer Kanüle besorgen und diese mit dem richtigen Kleber befüllen. Dies ist vor allem beim Verkleben von transparenten Kunststoff-Folien sehr hilfreich, da hier Flecken auffällig und störend sind.
> Eine noch einfachere Möglichkeit ist das punktuelle Auftragen des Klebers mit einem Zahnstocher oder einem dünnen Hölzchen.

KLEBEN

Je nach den zu verbindenden Materialien empfehlen sich die unterschiedlichsten Produkte. Universell einzusetzen sind die so genannten „Alleskleber" für die Verbindung verschiedener Werkstoffe sowie Weißleim bei allen Arten von Holz, Holzwerkstoffen oder Pappen.

Tab. 1: Klebstoffe – Übersicht

Kleber	Eigenschaft	Verwendung
Alleskleber (z. B. UHU)	Meist lösungsmittelhaltige Kunstharz-Klebstoffe, transparent und zähflüssig. Sie können beim Auftragen oft Fäden ziehen, reagieren mit einigen Kunststoffen (z. B. Styropor) und lösen die Oberfläche an oder auf. Trocken meistens nach wenigen Minuten, leicht reizend für die Haut, alterungsbeständig	Alleskleber werden zum Verkleben von vielen verschiedenen Materialien (Pappe, Holz, Kunststoffe, Metalle, Glas, Stoffe usw.) mit sich selbst oder in Kombination mit anderen eingesetzt. Sie wellen Pappe beim Kleben nicht und sind durch ihre Vielseitigkeit beim Modellbau für Studenten oft ausreichend

Weißleime (Holzleim)	Trocknet durch die Wasseraufnahme des Werkstoffes, weiße, zähe Konsistenz, trocknet beim Aushärten. Sie sind transparent, die Klebeflächen sind einige Zeit beweglich, da Weißleim langsam aushärtet. Als „Express-Leim" härtet die Verbindung nach 3–5 Minuten	Ideal für alle Hölzer, Holzwerkstoffe, Kartons und Pappen. Zum Verkleben müssen die Teile fest zusammengepresst werden. Durch den hohen Feuchtigkeitsgehalt im Leim können sich die Werkstoffe in der Form verziehen, Pappe wellt sich oft! Ungeeignet für Kunststoffe, Metalle oder Material, das selbst keine Feuchtigkeit aufnehmen kann
Kontaktkleber (z. B. PATTEX)	Verklebt Materialien großflächig durch Auftragen auf beiden Seiten. Beide Klebeschichten verbinden sich miteinander, die Teile müssen einige Minuten mit dem aufgestrichenen Kleber antrocknen und dann zusammengefügt werden, entscheidend ist dabei der hohe Anpressdruck. Einsatz nur in gut belüfteten Räumen	Ideal zum flächigen Verkleben, zum Beispiel von Pappe, bei Schichtenmodellen. Durch den doppelseitigen Kleberauftrag und das Ablüften eine aufwendige Klebemethode, aber die Werkstoffe wellen sich nicht durch die Verarbeitung. Verwendbar für Hölzer, Pappen und sehr viele Kunststoffe sowie Metall und Keramik
Kunststoffkleber	Dünnflüssige und meist glasklare Kleber, die Lösungsmittel enthalten. Speziell für Kunststoffe oder für den einseitigen Klebeauftrag. Die Teile müssen schnell gefügt werden, solange der Kleber noch nass ist, die Oberflächen müssen staub- und fettfrei sein	Verwendbar für viele thermoplastische Kunststoffe wie Polystyrol, PVC oder auch Acrylglas, nicht geeignet für PE und PP. Auch lassen sich Klebeverbindungen zu Holz oder Pappe herstellen (vgl. Alleskleber), für die Verbindung von Kunststoffen untereinander auf jeden Fall besser als Alleskleber
Sekundenkleber	Transparente, sehr schnell aushärtende Kleber, nicht tropfende, zähflüssige Klebstoffe	Einsetzbar für Verbindungen, die nicht fixiert werden können und bei denen eine sofortige Klebeverbindung aufgebaut werden muss

Sprühkleber	Farblose und UV-beständige Klebstoffe in der Sprühflasche mit FCKW-freien Treibmitteln. Sie verfärben sich nicht beim Auftragen und sind durch die geringe Feuchte auch nicht durchschlagend. Sprühkleber sollten nur im Freien oder sehr gut belüfteten Räumen eingesetzt werden	Ideal zum flächigen Verkleben, zum Beispiel von Pappe bei Schichtenmodellen. Die Werkstoffe können sich eventuell leicht verziehen oder wölben, aber sie wellen sich in der Regel nicht. Auch geeignet zum vollflächigen Aufziehen von Papier oder Pappen auf verschiedenen Untergründen
Lösungsmittel	Lösungsmittel werden zur Verbindung von Kunststoffen verwendet, dabei löst das Mittel die Oberfläche des Werkstoffes an, durch Zusammenpressen werden beide Teile „verschweißt". Beispiel: Dichlormethan (Methylenchlorid), wie alle organischen Lösungsmittel sehr gesundheitsschädlich	Zum Verkleben von Polystyrol, Acrylglas oder Polycarbonaten, verklebt beide Teile rückstandsfrei durch Anlösen des Thermoplastes, verwendbar nur in sehr gut belüfteten Räumen
Montagekleber (z. B. FIXOGUM)	Elastischer Montagekleber, der wieder ablösbar ist (meist auch rückstandsfrei). Bei beidseitigem Klebeauftrag erreicht man auch eine dauerhafte Verbindung	Verwendbar für viele Materialien wie Papier, Pappe, Kunststoffe usw. Ideal bei Arbeitsmodellen oder Montagen
Doppelseitige Klebefolien	Grundsätzliche Alternative zu allen „flüssigen" Klebstoffen. Der Vorteil liegt in der sofortigen Haftung der Verbindung, keine Beeinträchtigung der Materialeigenschaften durch Feuchtigkeit	Verwendbar für vollflächige Verklebungen von Werkstoffen aller Art, auch PE und PP, die mit keinem anderen Kleber zu verarbeiten sind. Die Werkstoffe können sich nicht verziehen, wölben oder wellen, allerdings zum punktuellen Verkleben kaum geeignet

KNETEN, FORMEN UND GIESSEN

Arbeitsmodelle können alternativ mit Plastilin oder Knetmasse modelliert werden.

Arbeiten mit Knetmasse

Plastilin wird meist als graugrüne Modellier- und Knetmasse angeboten, deren Verformbarkeit sich je nach Materialtemperatur ändert. Bei Zimmertemperatur ist es nahezu fest und kaum zu kneten. Erst bei leichter Erwärmung (z. B. aufgelegt auf einem warmen Heizkörper) kann es einfach und mühelos geformt werden. Auch kann man das Material im Kochtopf erhitzen, so dass es flüssig wird und mit einem Spachtel oder Pinsel auf der Fläche aufgetragen werden kann.

Knete ist hervorragend für das experimentelle Arbeiten mit dem Modell geeignet. Mit Hilfe von Knete lassen sich sehr gut stadträumliche Untersuchungen anstellen und schnell viele verschiedene Varianten bauen. Nimmt man ein Messer zur Hand, gelingt es mühelos, kleine Volumen abzuschneiden.

Durch das direkte und unmittelbare Bearbeiten mit den Händen entsteht ein haptisches Gefühl für das manuelle Arbeiten und seine Ergebnisse. Das Objekt ist nicht sehr präzise, sondern eher grob. Und doch ist die geformte Form hinsichtlich der räumlichen Darstellung sehr ausdrucksvoll.

Gips ist als Werkstoff sehr einfach zu verarbeiten und auch günstig zu bekommen. Die Herstellung eines Gipsmodells hingegen ist aufwendiger, da in zwei Abschnitten gearbeitet werden muss:

Formen mit Gips und Gießmassen

— Im ersten Schritt wird vom späteren dreidimensionalen Objekt eine exakte Negativform als Gussform gebaut, in die dann der flüssige Gips eingebracht wird. Die Präzison der Form bestimmt das endgültige Ergebnis.
— Dem Ausgießen mit Gips folgt das abschließende Lösen des Abdruckes aus der Form.

Abb. 24: Knetmodelle aus Plastilin

Abb. 25: Weißes Gipsmodell als städtebauliches Modell, nachträglich mit weißer Dispersionsfarbe gesprüht

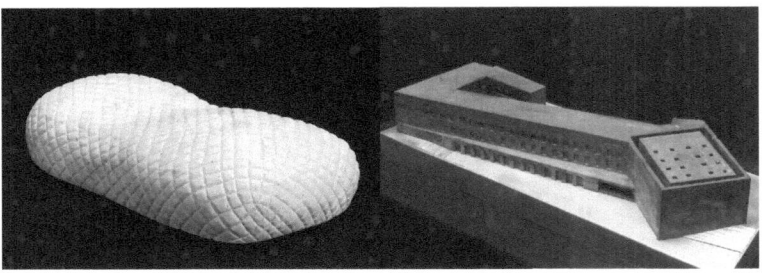

Abb. 26: Gipsmodelle zur Darstellung der Gebäudeform (weiß) und eingefärbt mit Farbpigmenten

Abb. 27: Betoniertes Modell zur Darstellung von massivem Beton in der Wirklichkeit

Gipsmodelle werden häufig bei Architekturwettbewerben, vor allem als städtebauliche Modelle, eingesetzt, da hier das gleiche Umgebungsmodell viele Male als Grundlage für die Modelle angefertigt werden muss und eine Gussform mehrfach verwendet werden kann. Durch Zugabe von Pigmenten bzw. flüssiger Farbe oder indem man nach dem Aushärten die Oberfläche mit Schleifpapier bearbeitet und anschließend mit Farben oder Lacken verändert, kann auch farbig dargestellt werden. Die Modelle vermitteln nicht nur einen massiven und schweren Eindruck, sie sind in der Regel auch massiv und schwer.

Neben dem häufig verwendeten Werkstoff Gips können natürlich auch andere Gießmassen verwendet werden. Für die Darstellung von Sichtbetonoberflächen ist es durchaus ein praktikables Mittel, dies auch mit Beton umzusetzen.

MASCHINEN DER MODELLBAUWERKSTATT

Mit den beschriebenen einfachen Werkzeugen und Methoden lassen sich leicht zu verarbeitende Werkstoffe bearbeiten. Bei vielen Materialien empfiehlt sich jedoch der Einsatz von Maschinen und professionellen Werkzeugen, um ein optimales Ergebnis zu erreichen.

Arbeiten mit Maschinen

Viele professionelle Architekturmodellbauer verwenden bei der Arbeit das gleiche Werkzeug, das auch in den meisten Schreinereien zu finden ist:

Werkzeuge aus der Schreinerwerkstatt

— Handsägen
— Feilen und Raspeln sowie Schleifklötze
— Handhobel
— Stemmeisen und Holzhammer
— Rechter Winkel

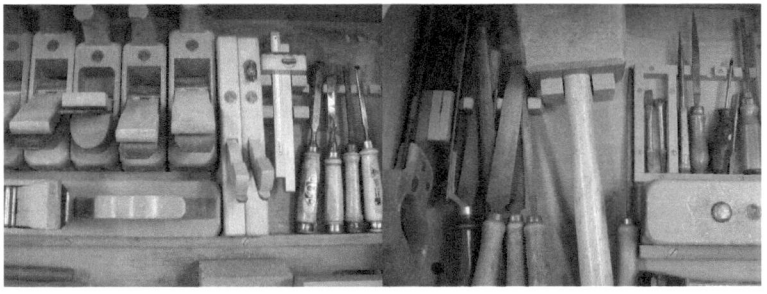

Abb. 28: Ausrüstung einer Holzwerkstatt zur manuellen Bearbeitung

Abb. 29: Handkreissäge

Abb. 30: Stichsäge

Sägen
Wenn man mit dem Cutter an die Grenzen des Möglichen stößt, kommt meist eine elektrische Säge zum Einsatz. Hölzer lassen sich in Form von Furnieren noch mit dem Messer bearbeiten, aber grundsätzlich ist Holz ein Werkstoff, der gesägt werden muss.

Neben handelsüblichen Tisch- oder Formatkreissägen – Sägen mit rundem Sägeblatt und Werktisch – werden für den (professionellen) Modellbau auch kleine <u>Tischkreissägen</u> in kleinerer Ausführung angeboten. Mit diesen Feinwerkzeugen können Holzquerschnitte und Profile, mit dem passenden Sägeblatt auch Kunststoffe bearbeitet werden. Gerade für die Anfertigung eines Holzmodells ist eine Tischkreissäge sehr hilfreich. Mit Anschlag kann das Material quer und längs zur Holzfaserrichtung bearbeitet werden. Zu beachten ist jedoch, dass der Einsatz einer

- Maschine immer etwas Übung und Zeit erfordert, um ihre Arbeitsweise und die Besonderheiten der entsprechenden Materialbearbeitung ken-
- nen zu lernen.

Neben der Tischkreissäge für lineare Schnitte ist die Bandsäge für gekrümmte und freie Linienführung ein wichtiges Werkzeug. Mit ihrer Hilfe lassen sich Vollmaterial und Profilquerschnitte einfach sägen. Des Weiteren kann eine <u>Stichsäge</u> für frei gezeichnete und gekrümmte Linien hilfreich sein.

■ **Tipp:** Die Verwendung von Hölzern im Architekturmodellbau ist sehr reizvoll, zumal das Ergebnis von der Ästhetik dieses Werkstoffes lebt. Der Umgang mit den entsprechenden Maschinen wie Tischkreissäge oder Schleifgeräten sollte jedoch, besonders am Anfang, von professionellen Schreinermeistern oder Modellbaumeistern unterstützt werden.

■ **Tipp:** Über die im Einzelhandel oder in Baumärkten angebotenen Werkzeuge und Hilfsmittel hinaus können sich kreative Modellbauer ihre Werkzeuge mit einfachsten Mitteln auch selbst konstruieren: beispielsweise eine Miniaturfeile, zusammengesetzt aus einem dünnen Vierkantprofil und feinem Schleifpapier. Auch alltägliche Gegenstände sind einsetzbar – zum Fixieren beim Verleimen eignen sich sehr gut Wäscheklammern.

Abb. 31: Bandsäge   Abb. 32: Formatkreissäge

Abb. 33: Mikro-Tischkreissäge für präzises Arbeiten

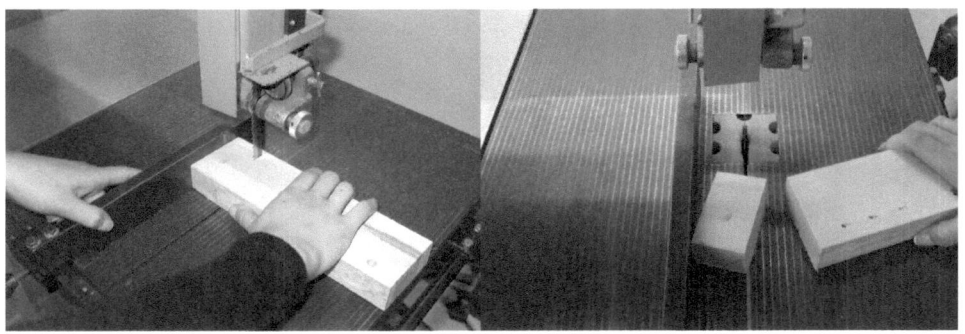

Abb. 34: Schneiden von Holz an der Bandsäge

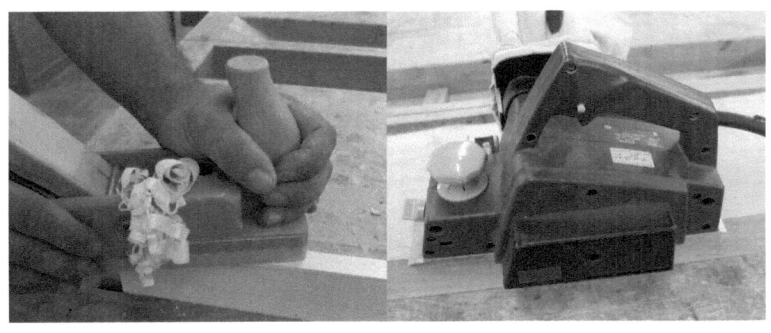

Abb. 35: Oberflächenbearbeitung mit einem Hobel – in klassischer Handarbeit oder elektrisch

Abb. 36: Bohrmaschine zur freien Führung auf dem Material

Hobeln   Mit einem <u>Holzhobel</u> lassen sich in der Fläche der Querschnitt oder die Materialstärke von Holzteilen verändern. Bei Geländemodellen zum Beispiel können durch Abhobeln der Oberfläche Niveauunterschiede verdeutlicht werden.

Bohren   Die <u>Bohrmaschine</u> ist nützlich, um Verbindungen herzustellen – beispielsweise wenn Stäbe für die Darstellung von Rundstützen oder Bäumen im Gelände in das Modell eingesetzt werden. Das in das Material gebohrte Loch ist der perfekte Anschluss für diese Bauteile im Modell und sichert zudem die Stabilität. Wichtig im Umgang mit einem Bohrer ist die richtige Führung der Maschine. In Werkstätten ist die Bohrmaschine in der Regel fixiert und in einen so genannten Bohrständer eingespannt, so dass der Winkel, unter dem der Bohrer in das Material eindringt, genau festgelegt und arretiert werden kann. Für den Modellbau werden Mikro-Bohrmaschinen angeboten, die mit kleinstem Bohrfutter auch Bohrer mit Durchmesser unter einem Millimeter aufnehmen können.

Abb. 37: Bohrmaschine auf einem Bohrständer – so ist ein präzises und rechtwinkliges Bohren möglich.

Abb. 38: Holzfräse

Fräsen Mit einer <u>Holzfräse</u> kann man in die Oberfläche von Holzwerkstücken einschneiden. Es existieren unterschiedliche Fräsköpfe, >Abb. 38 die als Aufsatz auf die Maschine gesetzt werden. So können beispielsweise Straßen, Flussläufe oder einfach Vertiefungen in einem reliefhaften Geländeverlauf aus der Fläche gefräst werden. Die Maschine ergänzt die Möglichkeiten der Holzbearbeitung neben den bereits vorgestellten Sägen.

Schleifen Ein Werkstück kann auf verschiedene Arten geschliffen werden, um die endgültigen Formen und Oberflächen herzustellen. Elektrische Geräte erleichtern die Arbeit enorm im Verhältnis zu manuell eingesetzten Schleifpapieren. Grundsätzlich ist beim Schleifen zu beachten, dass die dem Material entsprechenden Schleifpapiere – beispielsweise für Metall oder Holz – eingesetzt werden. Grobe Schliffe können mit grob gekörnten Schleifpapieren vorgenommen werden, in den folgenden Arbeitsschritten werden feinere Körnungen eingesetzt. Der elektrische <u>Tellerschleifer</u> ist ein sehr gut nutzbares Werkzeug. Eine rotierende Schleifscheibe ist mit einem Werktisch kombiniert, so dass flächige und feine Oberflächenschliffe durchgeführt werden können. Wie bei der Tischkreissäge werden auch hier Mikrogeräte angeboten, die für den präzisen Modellbau eine feine und genaue Handhabung ermöglichen.

Abb. 39: Feines Bearbeiten von Holz mit dem Tellerschleifer, zum Beispiel für ein Städtebaumodell

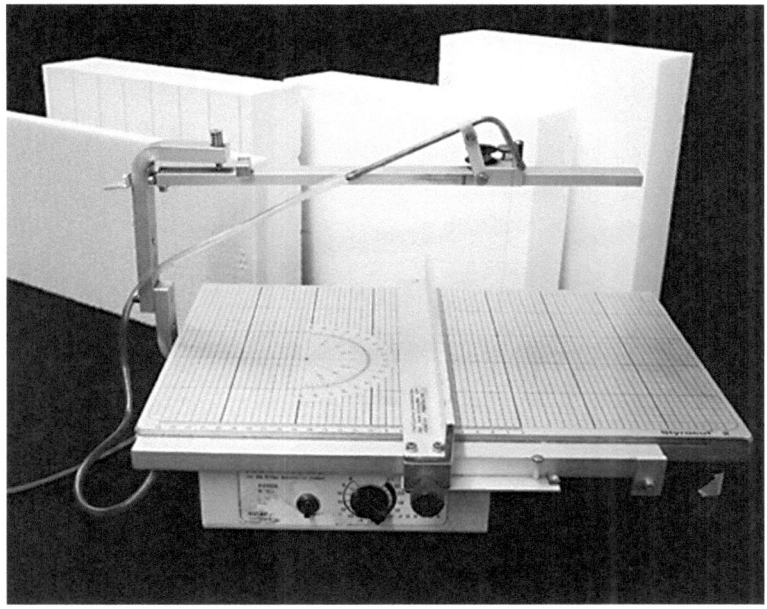

Abb. 40: Thermosäge und Polystyrol-Hartschaum

Neben dem flachen Tellerschleifer existieren Geräte mit gekrümmten Schleifoberflächen, die dazu dienen, runde Formen glatt- bzw. nachzuschleifen. Zu nennen sind ferner <u>Band-</u> und <u>Schwingschleifer</u>, die manuell über die zu schleifende Oberfläche geführt werden.

THERMOSÄGEN
Ein oft verwendetes Werkzeug im Architekturstudium ist die <u>Thermosäge</u> (STYROCUT). Mit ihr lässt sich dichter Polystyrolschaum einfach, schnell und präzise bearbeiten. Auf diese Weise können zum Beispiel Bausteine für ein Städtebaumodell hergestellt werden oder Massenmodelle im Entwurfsprozess. Die Thermosäge besteht aus einer Schneidefläche und einem feinen Draht, der mit Hilfe von Niedervolt-Spannung heiß wird und so den Werkstoff zertrennt.

DIGITALER MODELLBAU
Der Computer besetzt im Architekturmodellbau wie in vielen anderen Bereichen ganze Arbeits- und Herstellungsprozesse. Die Entwicklung digitaler und digitalisierter Methoden sind inzwischen Stand der Technik in Modellbauwerkstätten, an Hochschulen und in Architekturbüros. Noch sind die Investitionskosten sehr hoch, um die digitalen Maschinen

Abb. 41: CNC Fräse einer Modellbauwerkstatt

im Architekturmodellbau einsetzen zu können, doch wie der Schreiner im Möbelbau ohne computergesteuerte Fertigungsapparate nicht mehr wettbewerbsfähig ist, ist der freischaffenden Architekturmodellbauer inzwischen auch auf diese Technik angewiesen. Auch die meisten Architekturfakultäten haben ihre Werkstätten inzwischen entsprechend ausgerüstet.

Moderne Maschinen werden von einem Computer gesteuert, der die Daten der Zeichnung direkt verarbeitet und für die Maschine umsetzt. Nachdem schon das Zeichnen durch die CAD-Anwendungen gänzlich digitalisiert wurde, ist das computergesteuerte Verfahren im Modellbau die logische Konsequenz. Im Prinzip nutzt man die Information der Zeichnung für die Bearbeitung des Werkstoffs durch eine Maschine, die an den Computer direkt angeschlossen wird. Modellbauteile werden digital hergestellt, unendlich oft und mit außerordentlich hoher Präzision reproduzierbar und dabei perfekt im Sinne der bloßen Wahrnehmung durch das menschliche Auge. Außerdem sind die Herstellungsprozesse deutlich kürzer als in der analogen beziehungsweise konventionellen Bearbeitung.

CNC-Fräsen   Technisch betrachtet ist die CNC-Fräse (Computerized Numerical Control) ein Apparat, der auf seiner Schneidefläche das entsprechende Werkstück in den drei geometrischen Achsen bearbeitet. Die Arbeitsweise ist also ähnlich der eines Plotters bei der Ausgabe einer Zeichnung, nur kommt neben der X- und Y-Achse noch die dritte Dimension hinzu. Der dabei gesteuerte Fräs- und Gravierkopf arbeitet aus den Materialien die zuvor am Bildschirm konfigurierten Linien und Formen heraus. Oder er durchdringt die Fläche nicht, sondern graviert nach den Vorgaben ein Relief in die Platte hinein.

Die eigentliche Arbeit des Modellbauers reduziert sich dabei auf das Programmieren des Prozesses. Da die CNC-Maschine über eine eigene Anwendung gesteuert wird, muss man die CAD-Zeichnung an die Grundsätze der Fräse anpassen. Das Prinzip bleibt die Vektorgrafik der Zeichnung, die vor Fräsbeginn nur noch strukturiert diejenigen Informationen enthält, die auch verarbeitet werden. Alle überflüssigen Striche und Objekte müssen gelöscht werden.

Es muss beispielsweise auch festgelegt sein, ob und wie der Fräser sich in die Tiefe des Materials hineinarbeitet. Dies geschieht über eine differenzierte Struktur der Ebenen in der Fräsdatei. Und da der Fräskopf eine eigene Materialstärke aufweist, ist es im Sinne der Präzision von Bedeutung, ob die gezeichnete Linie die Innen- oder die Außenkante des Fräskopfs ist oder dessen Achse. Anderenfalls entstehen Differenzen im Millimeterbereich in Bezug auf die Maßhaltigkeit des Werkstücks. Ähnlich zu den Plotter-Maschinen beim digitalen Zeichnen, muss man verstehen, wie die CNC-Fräse arbeitet und ihren Gebrauch mit den immer vorhandenen Tücken erkennen. Beim Zeichnen macht man Probedrucke, um die grafischen Komponenten fein justieren zu können, dasselbe empfiehlt sich auch beim digitalisierten Modellbau.

Die Fräse ist eingeschränkt, wenn es um die Verarbeitungsmöglichkeiten von Werkstoffen geht. Nicht alle Materialien sind für CNC-Fräsen geeignet. Aluminium, Messing, Stahl oder Edelstahl werden in Form von Metallblechen oder Platten (meist bis zu einer Stärke von 3 bis 5 Millimetern) gefräst. Acrylglas kann in der höherwertigen, gegossenen Ausführung bis zu Schichtdicken von ungefähr 10 Millimetern verarbeitet werden; dies gilt auch für Kunststoffe wie Polystyrol. Zu nennen sind ferner die Holzwerkstoffe wie in Schichten verleimtes Sperrholz (Birkensperrholz, Multiplex) oder MDF.

○ Lasercutter

Inzwischen steht der computergesteuerten Fräse schon ein moderneres Gerät zur Seite, das in der Praxis weitaus häufiger verwendet wird: Der Lasercutter. Der Name sagt es schon: Ein feiner Laserstrahl schnei-

○ **Hinweis:** Digitale Maschinen können je nach Entwurf den Modellbauprozess enorm beschleunigen, etwa bei Fassaden mit sehr vielen Öffnungen. Es lohnt sich der Einsatz aber nur dann, wenn das Gerät zum richtigen Zeitpunkt verfügbar und der finanzielle Aufwand verhältnismäßig ist. Neben den Hochschulen bieten meist professionelle Architekturmodellbauer oder Betriebe für Formen- und Prototypenbau diese Dienstleistung zu festgesetzten Stundensätzen an.

det aus dem Werkstoff in absoluter Präzision alles aus, was programmiert wird. Im Gegensatz zum Prinzip des Fräsens, bei dem Bestandteile des Werkstoffs herausgehoben werden, arbeitet der Laserschneider mit Hitze. Die Schnittlinie wird im wahrsten Sinne des Wortes aus dem Werkstoff herausgebrannt.

Die Übersetzung der digitalen Zeichnung in die Software des Lasercutters ist unkomplizierter als bei der Fräse: Da sich der Laserkopf in die beiden Richtungen X und Y bewegt, wird die Einbrenntiefe in das Material durch die Stärke des Lasers bestimmt. Um die Tiefe festzulegen, genügt es, in der ursprünglichen Zeichnung die Linien unterschiedlich einzufärben und diesen Farben in der Software die Information zuzuordnen, ob ein- oder durchgebrannt werden soll. Als Dateiformat genügt beispielsweise eine PDF-Datei.

Im direkten Vergleich zur Fräse schneidet der Laserstrahl mit Schnittbreiten im Bereich von 0,1 mm nochmals präziser. Bei der Ausbildung einer Negativecke wird diese Präzision besonders gut sichtbar: Der Fräskopf ist rund und der Radius bestimmt den Innenradius der Innenecke. Der Laserstrahl kennt diese Abhängigkeit nicht, die Ecke wird scharfkantig ausgeführt.

Im Gebrauch fällt beim Lasercutter auf, dass er die Linie viel schneller schneidet als die Fräse und auch eine größere Vielfalt an zu verwendenden Materialien zulässt.

Begrenzt wird seine Nutzung nur durch die Arbeitsfläche, welche die Maschine bauartbedingt hat, denn daraus ergeben sich die maximalen Größen der Werkstücke. Auch die maximale Materialstärke differiert von Gerät zu Gerät. Hier hilft jedoch ein kleiner konstruktiver Trick: Man kann das Werkstück aus einem dünneren Material mehrfach herausschneiden lassen und dann in deckungsgleichen Schichten zusammen-
- fügen (aufdoppeln).

An Architekturfakultäten, die mit einem Lasercutter ausgestattet sind, wird dieses Gerät von den Studierenden häufig genutzt. Die Schnelligkeit, mit der Material bearbeitet wird, stellt jede analoge Arbeitstechnik in den Schatten. Nur was drückt so ein absolut präzises Modell aus? Statt eines groben und ungenauen Arbeitsmodells, welches das Entwurfsstadium verdeutlicht, erzeugt der Lasercutter schnell und zuverlässig ein perfektes Modell, das den Anschein einer fertig durchdachten Planung vermittelt. Das Ergebnis passt nicht zum Stand der Entwurfsarbeit.

Außerdem steckt der Teufel im Detail. Beliebt sind Holzpappen und Holzwerkstoffe für die Bearbeitung mit dem Laserschneider. Durch die Hitze des Laserstrahls werden bei diesen Werkstoffen die Schnittkanten dunkelbraun bis schwarz, sie wirken wie verbrannt. Die dunklen Fensterlaibungen stehen im Kontrast zur homogen und monochrom Fassade. Bleibt nur die dunklen Kanten wieder abzuschleifen oder zumindest im
- Präsentationsmodell diese Schwärze mit Farbe zu retuschieren.

Abb. 42: Lasercutter: Die digitale Zeichnung dient als Vorlage

Abb. 43: Der Werkstoff wird eingelegt

Abb. 44: Der Laserstrahl zeichnet präzise die Linien der CAD-Zeichnung nach und graviert oder schneidet den Werkstoff

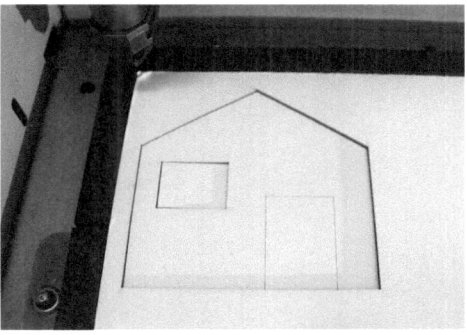

Abb. 45: In wenigen Sekunden ist das Werkstück geschnitten

■ **Tipp:** Um „Ausschuss" zu vermeiden, empfiehlt es sich, vor dem eigentlichen Modellbau experimentell mit dem Laserstrahl zu arbeiten und mit Proben und Mustern genau herauszufinden, wie sich das Material unter dem Laserstrahl verhält und ob die Ergebnisse in die gewünschte Richtung weisen.

■ **Tipp:** Beim Laserschneiden macht sich jeder Zeichenfehler in der CAD-Datei bemerkbar:

– Linien müssen immer an den Enden sauber und genau verbunden sein.
– Es sollten keine Doppellinien existieren und diese sollten farblich so zugeordnet sein, dass man die rechte oder linke Seite der Linie definieren kann.

3-D-Plotter

Ein anderes Prinzip des digitalisierten Modellbaus ist der Plotter, der das dreidimensionale Objekt vollständig „ausdruckt" (auch als Stereolithografie-Verfahren bezeichnet). Seinen Ursprung hat dieses Verfahren im Prototypenbau des Industrie- und Produktdesigns.

Das Prinzip ist umgekehrt zum CNC-Verfahren. Die Form und Geometrie wird nicht subtraktiv aus dem Material herausgearbeitet, sondern das Material wird additiv zum Objekt aufgebaut. Im Ergebnis erhält man ohne weitere Bearbeitungsschritte ein fertiges räumliches Werkstück, der räumliche Aus-„Druck" des bereits in der Computersoftware erfassten Modells. Die Funktionsweise basiert auf dem Prinzip, dass das Material in sehr dünnen, feinen Einzelschichten aufeinandergelegt wird. Entweder flüssige oder feste Werkstoffe werden nach den Computer-Daten in Maß und Form zusammengebracht, meist sind diese Stoffe Kunststoffe, Kunstharze oder keramische Verbindungen, aber auch Metalle. Die Bindung der Schichten erfolgt je nach Materialart über Aushärtung oder Verschmelzen durch chemische oder auch physikalische Prozesse.

Das Ungewöhnliche an diesen Modellen ist, dass sie fertig aus der Maschine kommen und aufgrund der besonderen künstlichen Stoffe kaum oder gar nicht weiterbearbeitet oder beschichtet werden können. 3-D-Drucker sind noch sehr kostenintensiv. Außerdem limitiert die Größe der Kabine, in der der Druck stattfindet, die Größe des Modells.

Beziehung von Analog und Digital

Die digitale Maschinerie eröffnet völlig neue Möglichkeiten im Architekturmodellbau: Der Herstellungsprozess kann – einmal programmiert – beliebig oft wiederholt werden und auch komplexe geometrische Strukturen, die manuell sehr aufwändig oder gar nicht umsetzbar wären, können nun dargestellt werden.

In der Handhabung sind diese Maschinen sicherer als konventionelle Modellbaumaschinen und auch die Staub- und Schmutzbelastung für den Menschen ist geringer als im konventionellen Werkstattbetrieb. Der Architekturmodellbau ist ohne den Einsatz der CNC-Geräte nicht mehr denkbar. Arbeitserleichterung und die Vielfalt an Möglichkeiten überzeugen selbst leidenschaftliche Modellbauer. Trotzdem fehlt oft die individuelle Handschrift. Im Ergebnis hat man nur noch perfekt anmutende Objekte vor sich, die im Ausdruck mehr dem Selbstzweck dienen als dem Experiment, welches im Entstehungsprozess eines Entwurfs, unterstützt durch das Modell, noch im Vordergrund stehen sollte.

Abb. 46: Scharfe Kanten, bei den meisten Materialien dunkel verbrannt, zeichnen den Laser aus

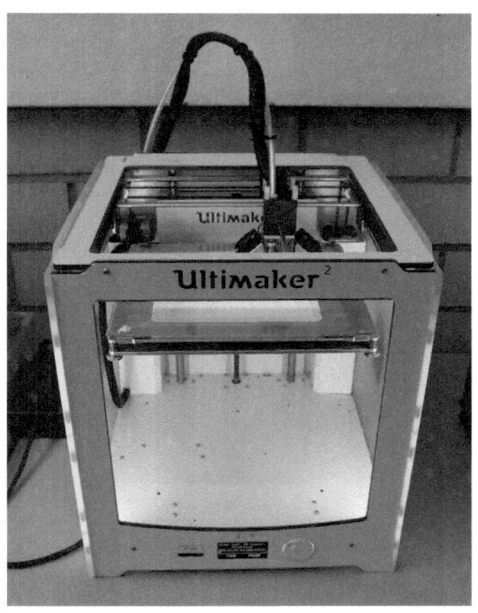

Abb. 47: 3-D-Plotter: Eine Maschine, in der das räumliche Modell ohne weiteres manuelles Zutun vollständig produziert wird

Abb. 48: 3-D-Plotter: Der Plotter beim additiven Produzieren des räumlichen Modells

Werkstoffe – Materialien

<small>Welcher Werkstoff eignet sich für welche Darstellung?</small>

Streng genommen ist das Modell nur die verkleinerte Abbildung der existierenden Realität oder zukünftig geplanter Gebäude. In der Praxis des Modellbauers heißt dies, dass reale Oberflächen durch Abstraktion in das Modell übersetzt werden. Trotzdem wird versucht, die spezifischen Materialeigenschaften und ihre Wirkung beizubehalten. Denn ein Gebäude nimmt seine Wirkung nicht zuletzt aus der Summe der Materialien, aus dem es gefügt ist. Materialien sind stumpf oder glänzend, rau oder glatt, schwer und massiv oder leicht und filigran. Daraus ergibt sich die Frage, mit welchen Materialien sich die Realität in der Verkleinerung am besten simulieren lässt. Beim Modellbau verhält es sich dabei wie beim realen Bauen. Eine Fülle von Materialien und Werkstoffen steht zur Verfügung, manche werden schon seit langem für Architekturmodelle verwendet und sind „klassische" Werkstoffe, andere sind neu, wieder andere werden für den Modellbau zweckentfremdet. Um bestimmte Wirkungen hervorzurufen, sind bestimmte Eigenschaften notwendig: Glas lässt sich am besten durch transparente Materialien darstellen, Wasser z. B. durch spiegelnde, Mauerwerk wiederum kann durch geschichtete Strukturen aus kleinen Modulen, die eine unregelmäßig oder regelmäßig strukturierte Oberfläche aufweisen, nachempfunden werden.

Im Folgenden werden Materialien im Zusammenhang mit den Möglichkeiten der Verwendung und Verarbeitung beschrieben. Material lässt sich grundsätzlich nach seiner spezifischen Herkunft einteilen:
— Papier, Pappe und Karton
— Hölzer und Holzwerkstoffe
— Metalle
— Kunststoffe

Wichtige Werkstoffe sind ferner:
— Farben und Lacke
— Gips und Ton
— Plastilin und Modelliermassen
— Fertigteile für den Modellbau wie Figuren, Fahrzeuge und sonstige Staffagen

PAPIERE, PAPPE UND KARTON

Auf dem Markt ist eine Vielzahl dieser Werkstoffe zu finden, im Architekturmodellbau sind bei ihrer Verwendung der Kreativität keine Grenzen gesetzt. Viele Produkte wie beispielsweise die Graupappe sind eigentlich für die Verpackungsindustrie entwickelt worden, erfreuen sich aber auch im Modellbau großer Beliebtheit.

Abb. 49: Modellbaupappen – Auswahl verschiedener Farbtöne und Oberflächen

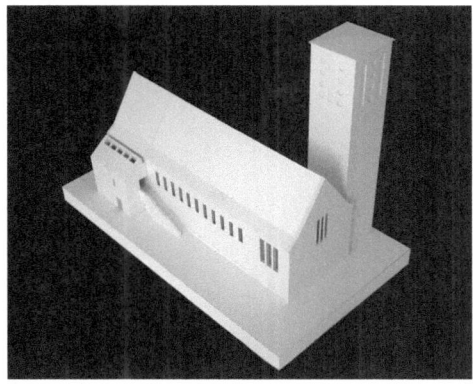
Abb. 50: Modell aus Maschinenholzpappe – alles aus einem Material

Tabelle 2 (S. 47) gibt eine Übersicht über die gebräuchlichen Pappen. Weitere im Modellbau einsetzbare Materialien sind Papiere wie Tonpapier und Transparentpapier. Kartone finden Verwendung als Bristolkarton, Fotokarton und Glanz- oder Chromoluxkarton, ferner Papiere und Pappen mit strukturierten oder eingefärbten Oberflächen.

Fotokarton wie auch das dünnere, papierähnliche Tonpapier eignet sich vor allem für die Darstellung von verschiedenen Farbflächen. Es wird von vielen Herstellern in einer großen Farbpalette angeboten und ist aufgrund seiner Materialstärke auch stabil zu verarbeiten. *Fotokarton*

Die Besonderheit beim Glanzkarton liegt schon in der Bezeichnung. Durch die glänzende Oberfläche eignet sich der Karton immer bei Darstellung von reflektierenden oder spiegelnden Oberflächen. Neben dem Glanz sind die vielen verschiedenen Farben nützlich. *Glanzkarton*

○ **Hinweis:** Mit Papieren und Pappen lassen sich die meisten Projekte problemlos darstellen. Neben den guten und einfachen Verarbeitungsmöglichkeiten haben sie den Vorteil, dass sie vielerorts verfügbar und günstig zu erwerben sind.

Abb. 51: Modell mit Graupappe

Abb. 52: Modell mit Finnpappe

Abb. 53: Modell mit weiß beschichteter Pappe

Abb. 54: Modell mit weißem durchgefärbten Karton („Kromapappe")

Wellkarton/ Wellpappe

Zum Bauen von Arbeitsmodellen sind Materialien, die günstig oder sogar umsonst zu bekommen sind, sehr praktikabel. Wellkarton wird in erster Linie für Verpackungen produziert und eingesetzt und kann danach sozusagen zum Modellbauen „recycelt" werden. Die Vorteile, die das Material der Verpackung liefert, sind auch für das Modell offensichtlich:
— Es ist leicht mit dem Cutter zu schneiden
— Materialstärken bis 6 mm lassen sich mühelos bearbeiten
— Durch das Prinzip der Wellpappe (gewellter Karton, beidseitig glatt gedeckt) ist das Material leicht, formstabil und steif
— Es ist auch für Schichtenmodelle gut geeignet

Tab. 2: Pappen – Verwendung und Eigenschaften

Material	Eigenschaft	Verwendung	Verarbeitung
Finnische Maschinenholzpappe (auch vereinfachend Finnpappe genannt)	Aus Holzfasern hergestellt, beigeholziger Farbton, dunkelt unter Sonneneinstrahlung nach („vergilbt"); glatte und raue Oberflächen, je nach Materialstärke verfügbar ca. 1,0 mm–4,0 mm	Universell einsetzbar für Geländeschichten und Gebäudemodelle, Innenraummodelle mit Tageslichtsimulation (aufgrund der hellen Oberfläche)	Leicht zu schneiden, sehr gut zu kleben mit Weißleim oder Alleskleber. Die Oberfläche kann lackiert oder gestrichen werden, um das Altern und Vergilben zu verhindern
Graupappe	Zu 100 Prozent aus Altpapier hergestellter Recyclingwerkstoff, warmgrauer Farbton, glatte und raue Oberflächen; je nach Materialstärke und Hersteller verfügbar ca. 0,5 mm–4,0 mm	Universell einsetzbar für Geländeschichten und Gebäudemodelle	Gut zu schneiden, sehr gut zu kleben mit Weißleim oder Alleskleber. Die Oberfläche kann lackiert oder gestrichen werden
Siebdruckpappe	Holzpappe mit weißkaschierter Oberfläche, verfügbar ca. 1,0 mm–3,0 mm	Vor allem für Raummodelle (M 1:50), Simulation der Lichtsituation durch die weiße Fläche	Leicht zu schneiden, sehr gut zu kleben mit Weißleim oder Alleskleber. Die Oberfläche kann mit Acrylfarbe gestrichen werden oder mit Siebdruckfarbe bedruckt werden

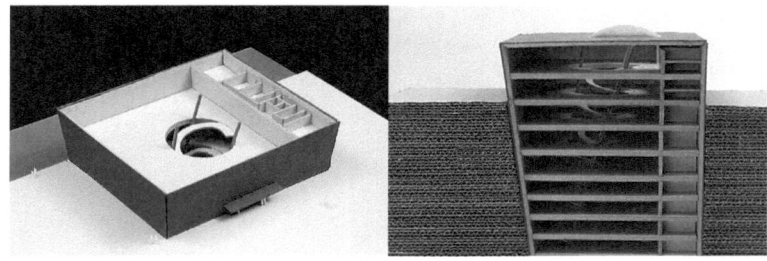

Abb. 55: Modell mit Wellpappe zur Darstellung von geschnittenem Gelände („Erdschichten")

Abb. 56: Kombination von Graupappe (Gelände) und Birkensperrholz

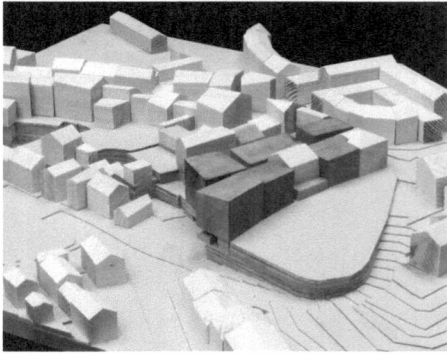

Abb. 57: Städtebaumodell aus einer Holzart (homogen)

Abb. 58: Städtebaumodell aus verschiedenen Hölzern (Kontraste)

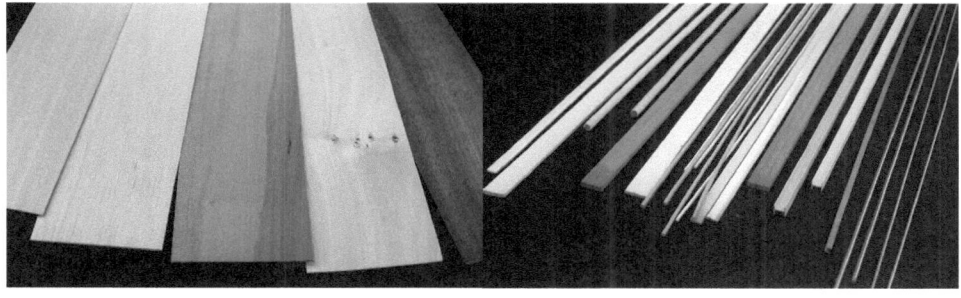

Abb. 59: Holz: Furnierbrettchen und Profile

HÖLZER UND HOLZWERKSTOFFE

Holz ist der älteste „Baustoff" im Architekturmodellbau. Bereits Michelangelo fertigte aus Lindenholz ein Modell der Kuppel von Sankt Peter an. Im Vergleich zu den Pappen ist Holz als Werkstoff sehr viel aufwendiger in der Verarbeitung, im erzielten Ergebnis aber auch umso eindrücklicher. Vor allem bei Präsentationsmodellen wird es eingesetzt. Als natürlicher Rohstoff verfügt das Material an sich schon über eine eigene Ästhetik, die sich unabhängig von Form, Gestalt und Verarbeitung sowie Oberflächenbehandlung im Objekt des Architekturmodells entfalten kann. Nuancen in Farbigkeit und Struktur der Maserung lassen Holz als „lebendige" Komponente im Modell wirken.

Grundsätzlich sind zwei Arten zu unterscheiden: Das natürlich gewachsene und getrocknete Holz und der industriell bearbeitete Holzwerkstoff. Beides wird im Modellbau eingesetzt. ■

> ■ **Tipp:** Holz lässt sich außer im Fachhandel auch bei kleineren Schreinereien und in Holz verarbeitenden Betrieben in großer Auswahl und guter Qualität beziehen. Das Angebot an verschiedenartigen Hölzern aus allen Teilen der Welt ist kaum überschaubar. Die Fachleute beraten Architekten und Studenten jedoch gern bei der richtigen und sorgfältigen Wahl des geeigneten Holzes für den Modellbau. Zudem kann man Schreinern und Tischlern über die Schulter sehen und gegebenenfalls Arbeitsweisen und Umgang mit dem Material Holz erlernen.

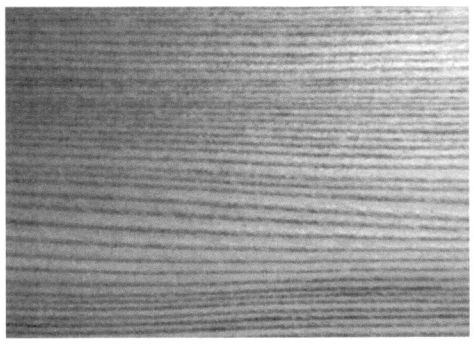

Abb. 60: Kontrastreich, gleichmäßig gemasertes Holz (z. B. Rüster)

Abb. 61: Dunkel und feinkörnig gemasertes Holz (z. B. Wenge)

Abb. 62: Gemasertes „gelbbeiges" Holz (z. B. Eiche)

Abb. 63: Stark gemasertes Holz, „unruhige" Oberfläche (z. B. Zebrano oder Makassar)

Abb. 64: Helles, „wolkig" gemasertes Holz (z. B. Birke)

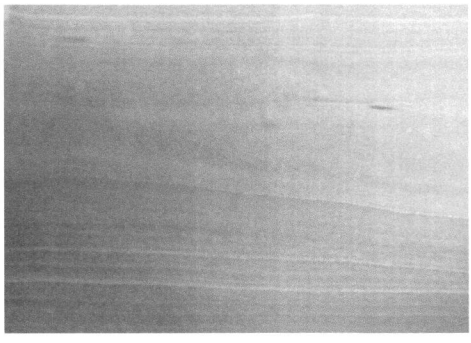

Abb. 65: Gleichmäßig helles Holz mit feiner Maserung (z. B. Birne, rötlich, oder Ahorn)

Tab. 3: Hölzer – Verwendung und Eigenschaften

Holzart	Eigenschaft	Verwendung	Verarbeitung
Abachi	Weiches und leichtes Laubbaumholz, geringe Festigkeit, helle, strohgelbe Farbe, leichte Oberflächenstruktur	Im Schiffsmodellbau als Bootsdeck verwendet. Furnierbrettchen werden zur Darstellung von Holzoberflächen genutzt (genutet, strukturiert)	Furnierbrettchen sind mit dem Cutter leicht zu schneiden (längs der Faserrichtung), sehr gut zu kleben mit Weißleim, flächig aufziehbar mit Sprühklebern
Ahorn	Weiches Laubholz, gelblich-naturweiße Färbung, feine, nuancierte Maserung	Für alle Modellarten verwendbar, Holzblöcke für Städtebaudarstellung, Furniere für Oberflächen und Gebäudemodelle	Mit den gängigen Werkzeugen der Holzverarbeitung, sägen und schleifen, sehr gut zu kleben mit Weißleim
Balsa	Das leichteste aller Nutzhölzer, leicht glänzende und weißliche Oberfläche, samtig-weich, homogene Struktur	Vor allem im Flugzeugmodellbau. Furnierbrettchen werden für Holzdarstellung verwendet, Holzprofile für die Gebäudedarstellung	Einfache Bearbeitung mit Cutter oder Säge, längs der Faser kann das Holz leicht brechen, sehr gut zu kleben mit Weißleim
Birnbaum	Gleichmäßig strukturiertes Laubbaumholz, hellrötlich-braune Farbe mit edler Oberfläche	Für alle Modellarten verwendbar, Holzblöcke für Städtebaudarstellung, Furniere für Oberflächen und Gebäudemodelle	Mit den gängigen Werkzeugen der Holzverarbeitung, sägen und schleifen, sehr gut zu kleben mit Weißleim
Buche	Festes Laubholz, feine, gleichmäßige Faserstruktur, hellbraun-rötliche Färbung	Für alle Modellarten verwendbar, Holzblöcke für Städtebaudarstellung, Furniere für Oberflächen und Gebäudemodelle	Mit den gängigen Werkzeugen der Holzverarbeitung, sägen und schleifen, sehr gut zu kleben mit Weißleim

Kiefer	Langfaseriges Nadelholz mit einer typisch markanten Oberflächenstruktur, gelbe Holzfarbe	Holzprofile für Tragwerks- und Konstruktionsmodelle aufgrund der Formstabilität des Holzes	Je nach Abmessung ist Kiefer mit Cutter und Säge sehr einfach zu bearbeiten
Linde	Kurzfaseriges und weiches Laubholz, strukturlose Oberfläche, gelblich, helle Farbe	Linde ist eines der meistverwendeten Hölzer im Modellbau für nahezu alle Einsatzmöglichkeiten	Je nach Abmessung ist Linde mit Cutter und Säge sehr einfach zu bearbeiten
Mahagoni	Sehr hartes Tropenholz, leicht glänzende Oberfläche, dunkel, rotbraune Färbung	Einsatz als Kontrast zu allen hellen Holzarten oder Modellbaumaterialien	Wegen der Härte nur mit der Säge und Schleifwerkzeugen zu bearbeiten
Nussbaum	Je nach Herkunft fein oder grob gemasert, tiefe, dunkelbraune Farbe	Einsatz als Kontrast zu allen hellen Holzarten oder Modellbaumaterialien, edles Erscheinungsbild	Mit den gängigen Werkzeugen der Holzverarbeitung zu bearbeiten, sägen und schleifen, sehr gut zu kleben mit Weißleim

Hölzer und Holzarten Bei natürlichen Hölzern ist aus der Sicht des Modellbauers wichtig, dass sie in der Verkleinerung auch zur Wirkung kommen. So sind grob gemaserte und stark strukturierte Hölzer wie beispielsweise Makassar oder Zebrano schlecht geeignet. > Abb. 56 Für den Betrachter sollte die Oberfläche fein und ruhig wirke n, deswegen empfehlen sich besonders die in Tabelle 3 aufgeführten Holzarten.

Holzwerkstoffe Holzwerkstoffe sind aus Abfällen der Holz verarbeitenden Industrie hergestellt, meist in Form von Plattenformaten. Anwendung finden diese im Möbel- und Innenausbau sowie in der Bauwirtschaft – und im Architekturmodellbau. Die Plattenformate sind vor allem für Grundkonstruktionen wie die Trägerplatte eines Modells oder bei großmaßstäblichen Innenraummodellen gebräuchlich.

Tab. 4: Holzwerkstoffe – Verwendung und Eigenschaften

Holzwerkstoff	Eigenschaft	Verwendung	Verarbeitung
Spanplatte	Preiswerte Holzplatte, hergestellt aus Holzspänen und Leim, raue Oberfläche, Materialstärken 6,0 mm–22,0 mm	Für Grundplatten, zur Darstellung rauer oder strukturierter Oberflächen, in Kombination mit Oberflächenbehandlung	Bearbeitbar wie Holz (sägen und schleifen), sehr gut zu kleben mit Weißleim, kann sich durch zu viel Feuchtigkeit leicht verziehen
MDF	Harte, hoch dichte Holzfaserplatte mit homogener, glatter Plattenstruktur, sehr formstabil mit planer Oberfläche, „naturbraune" Farbe oder eingefärbt in vielen Farben bis hin zu schwarz	Für Grundplatten, Schichtenmodelle und komplette Gebäudemodelle im großen Maßstab (1:50)	Bearbeitbar wie Holz, sehr gut zu kleben, Nachbehandlung der Oberfläche z. B. durch Klarlackieren oder Beizen
Sperrholz (Birke, Buche, Pappel)	Schichtverleimte Holzplatten aus mehreren Lagen der entsprechenden Hölzer, sichtbare Maserung und Holzfarbe des jeweiligen Holzes	Für Schichten- und Gebäudemodelle. Als Alternative zum reinen Holzmodell, da Sperrhölzer auch bei geringem Querschnitt stabil sind	Einfache Bearbeitung mit Cutter oder Säge, teils auch mit der Fräse (Birke), sehr gut zu kleben mit Weißleim
Tischlerplatte	Mehrschichtplatte aus verleimtem Holz, sichtbare Maserung und Holzfarbe des jeweiligen Holzes	Für Grundplatten oder Unterkonstruktionen geeignet	Bearbeitbar wie Holz. Durch die Zusammensetzung (verleimte Stäbe) hauptsächlich in einer Richtung belastbar

Abb. 66: Holz als Plattenwerkstoff: Birke Multiplex, Spanplatte, MDF

Abb. 67: Gebäudemodell im Maßstab 1:50 aus MDF-Platten

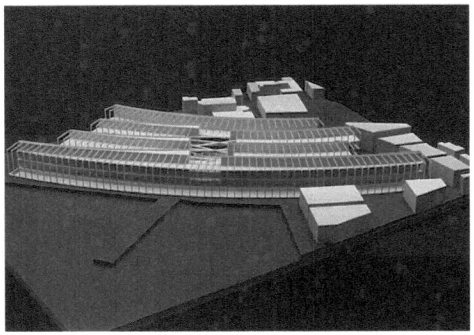

Abb. 68: Gebäudemodell aus MDF (schwarz gefärbt) zur Geländedarstellung sowie Lindenholz für die Umsetzung des Entwurfes (Material und Farbkontrast)

Abb. 69: Gebäudemodell aus Holzprofilen zur Darstellung der Skelettstruktur sowie Holzwerkstoff (MDF) für die Grundplatte

METALLE

Metallwerkstoffe bedürfen in besonderem Maße der Verkleinerung, da sich die spezifischen Eigenschaften dieser Werkstoffe mit anderen Materialien nicht vollständig simulieren lassen. Sofern das Material den ästhetischen Gedanken des Konzeptes trägt, ist dies auch für das Modell von Relevanz. Filigrane Stahlstützen oder Zugstäbe können auch da optimal mit dünnen Metallprofilen dargestellt werden, wo andere Werkstoffe aufgrund ihrer materialspezifischen Eigenschaften versagen.

Im Architekturmodellbau werden Metalle in Form von Blechen oder Profilen eingesetzt. Glatte Bleche sind in Blechstärken von ca. 0,2-4 mm verwendbar. Daneben gibt es Strukturbleche wie Riffelbleche, Wellbleche

Tab. 5: Metalle – Verwendung und Eigenschaften

Metall	Eigenschaft	Verwendung	Verarbeitung
Aluminium	Silberweiße Farbe, luft- und wasserbeständig aufgrund undurchsichtiger, dichter Oxidschicht, nicht magnetisch	Aluminiumbleche und Profile können für die Darstellung metallischer Bauteile verwendet werden, z. B. Mikro-Wellbleche für die Dachdarstellung	Nicht lötbar, Verbindung mit Klebstoffen (Alleskleber), gut polierbar und dehnbar
Eisen und Stahl	Dunkle, silberne Farbe, Zersetzung durch Zusammenwirken von Feuchtigkeit und Sauerstoff, Bildung von rotbraunem Rost, magnetisch	Stahlbleche können metallische Oberflächen simulieren, Profile können für Tragwerksmodelle (Träger und Stützen) eingesetzt werden	Löt- und schweißbar oder mit Alleskleber zu kleben. Verwendung von Werkstoffen mit Korrosionsschutz (z. B. verzinkt) oder nachträgliche Beschichtung oder Lackierung, zu schneiden mit Blechschere oder Eisensäge
Edelstahl (V2A)	Silbergraue Farbe, glatte, feine Oberfläche, nicht magnetisch. Materialveredelung verhindert das Rosten des Materials	Einsetzbar in feuchteempfindlichen Bereichen (z. B. Außenbereich)	Verbindung mit Klebstoffen (Alleskleber)
Kupfer	Einziges rotes Metall, oxidiert an der Luft rot, später grün	Für die Darstellung von Kupfer im Modell, Verwendung als Kupferbleche sowie Profile	Lötbar und gut zu verkleben, je nach Materialstärke kann es mit Metallwerkzeugen bearbeitet werden, gut polierbar

Messing	Metalllegierung aus Kupfer und Zink, je nach Kupferanteil rot bis hellrot. Mit hohem Zinkanteil erhält man eine goldähnliche Farbe	Messingbleche können glänzende, goldene Oberflächen simulieren, Profile können für Tragwerksmodelle (Träger und Stützen) eingesetzt werden	Lötbar und gut zu verkleben. Je nach Materialstärke kann es mit Metallwerkzeugen bearbeitet werden, gut polierbar
Neusilber	Metalllegierung aus Kupfer, Nickel und Zink, silberähnliche Farbe und Oberfläche, hohe Luftbeständigkeit	Neusilberbleche können für die Darstellung metallischer und glänzender Bauteile verwendet werden	Lötbar und gut zu verkleben, gut zu spanloser Verarbeitung geeignet (tiefziehen)

und Raupenbleche, Lochbleche mit Rundloch-, Quadratloch- oder Langlochmuster sowie Gitterbleche.

Will man Stahlprofile möglichst real darstellen, stehen im Fachhandel runde Vollprofile, Rohrprofile, Quadrat- und Vierkantprofile sowie sogar T-, L-, H- oder I-Profile en miniature zur Verfügung.

Abb. 70: Gebäudemodell mit feinstem Lochblech zur Fassadendarstellung

KUNSTSTOFFE

Es gibt eine Fülle verschiedener Produkte, die eine allgemeine Beschreibung nur schwer zulassen. Hauptsächlich handelt es sich um synthetische, formbare Materialien aus Makromolekülen. Ein Hauptbestandteil ist Kohlenstoff (ein organisches Material). Allen Kunststoffen ist gemein, dass sie sich leicht und präzise verarbeiten lassen, oftmals bietet das geringe Gewicht in Kombination mit der hohen Stabilität die besten Einsatzmöglichkeiten in Bereichen, in denen andere Werkstoffe keine Anwendung mehr finden.

Am häufigsten wird im Modellbau Polystyrol (PS) eingesetzt. Wie auch Polypropylen (PP) oder Polyvinylchlorid (PVC) ist es preisgünstig zu bekommen, da es sich um ein Massenprodukt handelt, das eigentlich in vielen Bereichen Anwendung findet. Viele Architekten und Modellbauer arbeiten ausschließlich mit Polystyrol. Auf diese Weise hat sich eine eigene Gestaltungs- und Darstellungsform im Architekturmodellbau entwickelt. Das Material ist weiß und glatt. Es lässt sich filigran und außerordentlich präzise verarbeiten. Ausschließlich aus Polystyrol gebaute Modelle vermitteln den nötigen Grad der Abstraktion und stehen für schlichte und einfache Objekte von dreidimensional dargestellter Architektur.

<small>Polystyrol-Modelle</small>

Im Vergleich mit anderen Werkstoffen können mit Kunststoffen nahezu perfekte Ergebnisse erzielt werden. Es ist möglich, bis auf Bruchteile von Millimetern genau zu differenzieren – ein Vorteil beispielsweise beim Städtebaumodell. Ferner kann die Darstellung von transparenten

Abb. 71: Kunststoffe – Vielfalt für den Modellbau

Bauteilen wie Glas in der Simulation durch dünne, transparente PVC-Folien erfolgen. Der Einsatz von Kunststoffen ist im Architekturmodellbau unerlässlich. Im Wettbewerbswesen und auch in vielen Architekturbüros wird denn auch hauptsächlich mit Polystyrol gearbeitet.

Acrylglas im Modellbau

Acrylglas (chemisch: PMMA) ist neben Polystyrol der meistverwendete Kunststoff im Architekturmodellbau. Als thermoplastischer Kunststoff verfügt es über eine hervorragende thermische Verformbarkeit und ist in vielen hergestellten Varianten ein brillanter transparenter Kunststoff, der sich bestens für die Darstellung von Glas, Bauteilen aus Glas und transparenten Baukörpern (zum Beispiel im Städtebaumodell) eignet. Die Oberfläche kann durch Bearbeitung modifiziert werden. Satinmatte Strukturen werden durch Schleifen des Werkstoffs hergestellt (so genanntes Nass-Schleifen mit fein gekörntem Schleifpapier, zum Beispiel Korn 600). Durch Fräsen, Nuten oder Ritzen mit einer scharfen Cutter-Klinge werden Rasterstrukturen oder Muster in das Material eingearbeitet.

Es gibt eine große Menge von Kunststoffen und Kunststofferzeugnissen, auch im Modellbau sind viel mehr verwendbar als hier beschrieben. Das Kriterium für den Einsatz Kunststoff ist immer die gewünschte Form und Farbe sowie die Beschaffenheit der Oberfläche. Als gebräuchliche Kunststoffprodukte, die in Form von Platten, Folien und Profilen für den Modellbau erhältlich sind, seien an dieser Stelle noch Polyester sowie Polyethylen (PE-Kunststoffe) genannt.

Neben den beschriebenen „Rohstoffen" für ein Architekturmodell sind weitere Produkte unerlässlich, um ein Modell zu bauen. Zu ihnen zählen Farben und Lacke.

○ **Hinweis:** PS-Hartschaum wird im Modellbau oftmals mit einer anderen Farbe nachträglich bearbeitet. Einige Lösungsmittel von Farbe und insbesondere Sprühlack reagieren mit der Kunststoffverbindung und können diese auflösen. Deswegen ist es ratsam, vor dem Einsatz Versuche durchzuführen.

■ **Tipp:** Acrylglas ist im Fachhandel oftmals nur schwer und teuer zu erwerben, es empfiehlt sich, direkt beim Hersteller oder bei verarbeitenden Firmen nach Abfällen oder Mustern zu fragen.

Tab. 6: Kunststoffe – Verwendung und Eigenschaften

Kunststoff	Eigenschaft	Verwendung	Verarbeitung
Polystyrol (PS) als duroplastischer, „harter" Kunststoff	Schlagfester, harter Kunststoff. Im Modellbau kommen matte, weiße, opake Platten zum Einsatz. PS ist nicht UV-beständig. Materialstärken 0,3 mm–5,0 mm	Universell auf allen Gebieten des Modellbaus	Sehr gut zu schneiden mit Cutter, die Oberflächen sind gut schleifbar, sehr gut zu fräsen und mit sich selbst zu verkleben mit Hilfe von Lösungsmitteln oder speziellen PS-Klebstoffen und Kontaktklebern. Sehr gut zu lackieren oder zu streichen
Polystyrol-Hartschaum (z. B. Styropor)	Poriges Material, das als Platten- oder Blockformat hergestellt wird. Nicht schlagfest, die Oberfläche kann leicht gedrückt werden, je nach Hersteller in einer charakteristischen Farbe	Für Gebäude- und Städtebaumodelle	Kann sehr gut mit der Thermosäge geschnitten werden, auch zu schneiden oder zu schnitzen mit dem Cutter, man kann es schleifen und auch bemalen
Polypropylen (PP)	Wärmebeständiger, zäher und reißfester Kunststoff. Im Modellbau kommen meist dünnwandige transparente oder opake Folien zum Einsatz, kratzunempfindliche Oberfläche, UV-stabil, verschiedene Materialstärken	Als transluzente Folie kann es hervorragend zur Darstellung von matten Glasoberflächen oder für die Gestaltung von Lichtobjekten verwendet werden	Sehr gut zu schneiden mit dem Cutter. Es ist beliebig oft zu knicken, falten, nuten, falzen, prägen oder stanzen. Nur nach Vorbehandlung z. B. mit Poly-Primer zu verkleben

Polyvinylchlorid (PVC)	Je nach Art der Herstellung transparent oder opak, verschiedene Materialstärken	Transparente Folien eignen sich für die Darstellung von Glas im Modell, als dünnwandige Folie auf vielen Gebieten einsetzbar	Sehr gut zu schneiden mit dem Cutter. Man kann es bohren, fräsen oder drehen. PVC-Flächen lassen sich mit gängigen Kunststoffklebern oder Kontaktklebern zusammenkleben
Polycarbonat (PC)	Hohe Festigkeit, schlagzäher Kunststoff, witterungsbeständig, feine Oberfläche, transparente oder milchig-transluzente Kunststoff-Folien	Transparente Folien eignen sich für die Darstellung von Glas im Modell, als dünnwandige Folie auf vielen Gebieten einsetzbar. Es ist in der Regel feiner und glatter in der Oberfläche als PVC	Sehr gut zu schneiden mit dem Cutter. Stärkere Platten können angeritzt und gebrochen werden. PC-Flächen können mit Lösungsmitteln oder Kontaktkleber rückstandsfrei untereinander verklebt werden
Acrylglas (PMMA)	Hohe Transparenz und Brillanz, sehr gute optische Eigenschaft, ähnlich wie Glas. Witterungsbeständiger Kunststoff, in transparenter, transluzenter oder opaker Form	Als transparenter Werkstoff für die Darstellung von Glas oder Wasser	Dünne Folien sind gut mit dem Cutter zu schneiden, stärkeres Material sollte gebrochen oder gesägt werden; nass zu schleifen sowie polierbar. Es ist sehr gut mit Lösungsmitteln, Kontaktklebern oder speziellen Acrylglasklebern zu verkleben

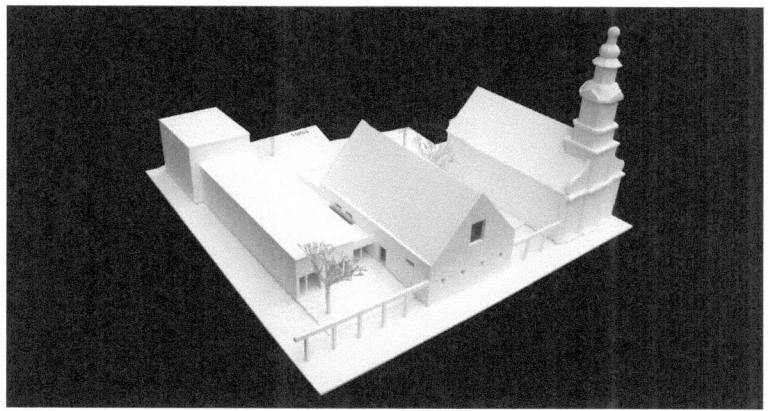

Abb. 72: Monochromes Modell aus Polystyrol, mit Dispersionsfarbe weiß gesprüht

Abb. 73: Die Fassade bei diesem Gebäudemodell wurde mit einer transluzenten Folie abstrahiert umgesetzt

Abb. 74: Städtebaumodell mit Gebäudevolumen aus Polystyrol-Hartschaum

FARBEN UND LACKE

Die Oberfläche eines Materials ist nicht in jedem Fall die später sichtbare Oberfläche. Auf zahlreichen Untergründen lassen sich Anstriche, Beschichtungen und Farbaufträge zur gestalterischen Veränderung des ursprünglichen Zustandes verwenden. Darüber hinaus bewirken diese Produkte, dass die Oberfläche haltbarer wird (Sonneneinstrahlung, UV-Lichtbeständigkeit, wasserresistente Oberfläche, Verhindern des
■ Vergilbens).

Tab. 7: Farben und Lacke – Möglichkeiten

Farben und Lacke	Verwendung	Ergebnis
Farb-Sprays (Farbpigmente mit Binde- und Treibmittel)	Für fast alle Werkstoffe verwendbar. Es sollte jedoch darauf geachtet werden, dass es keine Reaktionen zwischen Lösungsmittel und Material gibt (z. B. Verträglichkeit mit Polystyrol-Schaumplatte)	Je nach Sprayeigenschaften (seidenmatt oder glänzend) werden die Oberflächen farblich angeglichen
Klarlacke	Verwendbar für viele Werkstoffe. Mit Hilfe von klaren, transparenten Beschichtungen können Differenzierungen dargestellt werden, ohne dass ein weiteres Material notwendig wäre	Differenzierungen, z. B. von Gelände, Topografie und eingesetztem Gebäude, Abstufungen in der Intensität der Farbigkeit oder Helligkeit der Materialoberfläche, Konservierung der Oberfläche (z. B. bei Finnpappe, Vergilbung des Werkstoffes)

■ **Tipp:** Bei der Anwendung von Farben, Lack oder anderen Oberflächenbeschichtungen empfiehlt es sich, durch Testläufe herauszufinden, welche Möglichkeiten sich durch deren Verwendung ergeben. Mit Mustern und Materialstudien erhält der Modellbauer ein Gefühl für die Eigenschaften und den Umgang mit den Produkten, was im Übrigen auch viel Spaß machen kann. Für die Beurteilung von Farbe und Kontrast eignet sich natürliches Licht am besten.

Acrylfarbe	Zur Färbung einzelner Bauteile oder Oberflächen im Modell. Die Farben sind gut miteinander mischbar, der Pinsel kann mit Wasser gereinigt werden	Verschiedene Ausgangsstoffe werden mit einem einheitlichen, monochromen Farbanstrich nachträglich angeglichen, leuchtende, farbintensive Wirkung (je nach Pigmentierung)
Holzbeize	Die Farbigkeit der natürlichen Holzoberfläche wird durch Beizen nachträglich verändert, dabei bleiben die eigentlichen Eigenschaften wie die Maserung aber erhalten	Durch Veränderung des Farbtons sind Abstufungen und Differenzierungen innerhalb des Materials möglich. Beim Einsatz von farbiger Beize bekommt das verwendete Material eine andere Wirkung
Öle und Wachse	Hölzer, aber auch Pappen kann man in der Oberfläche mit diesen Produkten bearbeiten, um Changierungen in der Farbigkeit und Helligkeit zu erreichen	Hölzer erhalten durch diese konservierende Oberflächenbeschichtung oftmals einen intensiveren Eindruck der oberflächlichen Eigenschaften

GIPS, TON, KNETE UND MODELLIERMASSEN

Materialien wie Gips und Ton bilden neben den anderen hier vorgestellten Werkstoffen eine eigene Kategorie von Material für den Modellbau. Oftmals beschränkt man sich auf diesen einen Werkstoff, aus dem dann das ganze Modell hergestellt wird. Geeignet sind diese Materialien vor allem bei Darstellungen, bei denen nicht die präzise Form oder die exakte Detaillierung im Vordergrund steht, sondern der Ausdruck von Körperhaftigkeit und Massivität. Allerdings kann auch Gips in sehr genaue und glatte Formen gegossen werden.

Gips ist eigentlich ein Baustoff, der im Maßstab 1:1, also in der Wirklichkeit Verwendung findet (beispielsweise als Putz und Stuck). Chemisch gesehen handelt es sich hierbei um Calciumsulfat, das in der Natur vorkommt oder als Nebenprodukt bei Kraftwerken anfällt.

Gips

Abb. 75: Städtebaumodell aus Ton geformt und gebrannt

Im Modellbau wird er als Gießmasse verarbeitet, für die zuvor eine Negativform hergestellt wird. Dies ist zunächst aufwendig, hat aber den Vorteil, dass man das Formstück mehrere Male abgießen kann.

Gips als „Modell- oder Formengips" ist in Form eines weißen Pulvers erhältlich, das mit Wasser angerührt wird und entweder flüssig verarbeitet oder in ein wenig festerer Konsistenz mit einem Spachtel aufgetragen werden kann.

Schnell bindet der flüssige Gips ab und erhärtet, danach besteht die Möglichkeit, die Form mit Schleifpapier und Farbe oder Lack zu bearbeiten.

Ton Ton ist ein seit langer Zeit bekannter Werkstoff für die Herstellung von Objekten in unterschiedlichen Bereichen. In der Geschichte des Architekturmodellbaus wird Ton schon sehr lange eingesetzt.

Ton, auch Lehm genannt, eignet sich für bestimmte Anwendungsbereiche des Modellbaus sehr gut:
— Formenbau: freie Formen, organisch geformte Körper
— Skulpturen
— Volumenmodelle, zum Beispiel im Städtebau

Der große Vorteil liegt in der einfachen und haptischen Umsetzung, man könnte sagen, mit Ton formt man eine dreidimensionale, „körperhafte" Skizze. Auch lassen sich Entwicklungsprozesse und Änderungen sehr schnell und mühelos mit diesem Material durchführen. Während der Bearbeitung ist darauf zu achten, dass das Material immer ausreichend feucht gehalten wird (mit Wasser), damit es nicht austrocknet und keine Rissbildungen entstehen.

Nachdem die Form vollendet ist, wird der Ton im Ofen gebrannt, so dass die endgültige Form durch den Brennvorgang konserviert wird. Man spricht dann von gebranntem Ton, auch von Keramik. Im Bereich der Bauwirtschaft kommt das Material als Ziegelstein oder Tondachziegel zum Einsatz.

Neben den „klassischen" Werkmaterialien Gips und Ton gibt es auf dem Markt weitere Produkte, die verwendet werden:

Knete und Modelliermassen

— <u>Lufttrocknende Modelliermassen</u>: In den Verarbeitungseigenschaften dem Ton ähnlich, im Unterschied zu Ton härten Modelliermassen jedoch an der Luft aus und können mit Schleifwerkzeugen wie Holz nachbearbeitet werden.
— <u>Knete/Plastilin</u>: Modelliermaterial, das im Prinzip konstant im gleichen Härtegrad verarbeitbar und formbar bleibt. Typisch für diesen Werkstoff ist, dass er bei höherer Eigentemperatur „weicher" wird und leichter zu formen ist und bei normaler Raumtemperatur relativ fest in der Konsistenz bleibt. Plastilin hat die bekannte graugrüne Eigenfarbe, Knete wird in vielen Farben angeboten.

Immer häufiger werden im Modellbau auch so genannte Fertigteile verwendet.

STAFFAGEN, BÄUME UND FIGUREN

Wenn Bauherren zum ersten Mal ein neu gebautes Gebäude betreten, ist oft der Satz zu hören: „Das habe ich mir viel größer (oder kleiner) vorgestellt." Kein Wunder, denn die Vorstellung von der Größe eines Projektes vermittelten zuvor nur Zeichnung und Modell. Und genau da liegt das Problem: Wie kann der Architekt den richtigen Eindruck von Größe und Maßstäblichkeit vor der Verwirklichung darstellen? Um eine Zuordnung der realen Größe zu ermöglichen, empfiehlt sich der Gebrauch von „bekannten Größen". Diese Bezugsobjekte übersetzen den Inhalt in die Vorstellungswelt des Betrachters. Den Maßstab bestimmende Objekte sind auf jeden Fall Figuren – Menschen im verkleinerten Maßstab. Jeder hat eine Vorstellung von der eigenen Größe und kann diese in das Modell übertragen. Wenn Objekte in der Relation zum so genannten „mensch-

Abb. 76: Materialien zur Darstellung von Bäumen

●

Staffage

lichen Maßstab" gelesen und begriffen werden können, gelingt ihre Bewertung häufig besser.

Neben den Figuren unterstützen auch andere Objekte die Darstellung des Projekts. Fahrzeuge, die im Fachhandel erhältlich sind oder in der Präsentation durch andere Objekte symbolisiert werden können, sind mit Sicherheit unersetzlich für einen Parkhausentwurf. Ähnliches gilt für Bäume und Pflanzen, die notwendigerweise mit darzustellen sind, wenn diese Elemente in der Konzeption eine Rolle spielen (Landschaftsplanung oder städtebauliche Projekte). Kugeln, Stäbe oder einfache Volumenkörper können Bäume repräsentieren, am besten darzustellen ist ein Baum jedoch durch – einen Baum. Es gibt verschiedene getrocknete Pflanzenarten (wie Schafgarben), die normalerweise für Blumengestecke genutzt werden, sich aber vielfach als maßstäbliche Verkleinerung ebenfalls für die Darstellung von Bäumen eignen. Gehören Bäume zum gestalterischen Element des Modells (Platzgestaltung, Bezug Gebäude – Baum – Innenhof usw.), dann ist die richtige Wahl der Baumabstraktion sorgfältig zu treffen, da diese oft einen entscheidenden Einfluss auf den Gesamteindruck hat.

Gewöhnlich beschränkt sich die Staffage im Architekturmodellbau auf die bisher genannten Elemente, doch kann es inhaltlich für das Modell durchaus sinnvoll sein, auch andere hinzuzuziehen:
— Straßenlaternen als sich reihendes Element
— Stadtmöblierung (Sitzbänke, Litfass-Säulen, Schilder)

● **Beispiel:** Figuren für den Modellbau gibt es in Form von Spritzguss-Produkten für alle Maßstäbe. Im häufig verwendeten Maßstab 1:200 können Reiskörner als zweckentfremdete Objekte senkrecht aufgeklebt eine abstrakte Darstellung des Menschen simulieren.

Abb. 77: Holzkugeln

Abb. 78: Äste/Zweige

Abb. 79: Schaumstoff

Abb. 80: Schaumstoff

Abb. 81: Hartschaum

Abb. 82: Bürstenbäume

- Möblierung bei Innenräumen wie Läden oder Restaurants
- Züge, Schiffe oder Flugzeuge bei Verkehrsbauten

Zusammenfassend lässt sich festhalten, dass die meisten der bisher aufgeführten Materialien nicht speziell für den Modellbau hergestellt werden. Vielmehr ist der Gebrauch des Materials für ein Architekturmodell eine durch die Fantasie des Modellbauers bestimmte Zweckentfremdung. ○

> ○ **Hinweis:** Bei der Entscheidung für das geeignete Material sollte beachtet werden, für welchen Zeitraum das Modell verwendet oder aufbewahrt wird. Viele Stoffe altern – da verhält es sich mit dem Modell ähnlich wie mit den realisierten Gebäuden – und verändern das Aussehen eines Modells im Laufe der Zeit. Vor allem das Sonnenlicht (UV-Strahlung) lässt Pappen und Holz nachdunkeln. Finnpappe zum Beispiel vergilbt sehr stark. Die ästhetische Wirkung von Holzmodellen ist durch Alterung weniger betroffen als die Haltbarkeit von Pappmodellen.

Von der Zeichnung zum Modell –
Arbeitsschritte und Herangehensweisen

Im Folgenden werden praktische Modellbau-Methoden vorgestellt und die unterschiedlichen Wege der Anfertigung eines Modells erläutert. Die Methoden sollen als konkrete Hilfestellung dienen und die Umsetzung der eigenen kreativen Arbeit erleichtern.

FESTLEGUNGEN ZU BEGINN DES MODELLBAUS

Bevor man zu Cutter und Schneidelineal greift, sollte man einige Vorüberlegungen anstellen. Der Bau eines Modells kann zur Entwurfsfindung zwar kreativ, sogar spielerisch sein (z. B. grobes Reißen und Fügen von Pappstücken). Möchte man das Modell jedoch zu Präsentationszwecken bauen, sollten vorab die Rahmenbedingungen abgesteckt sein.

Darstellungsziele Zunächst ist es wichtig zu klären, was dargestellt werden soll. Geht es um ein Gestaltungsprinzip (z. B. um einen steinernen Riegel mit gläserner Halle), dann ist dies die Grundlage für Maßstabs-, Abstraktions- und Materialwahl. Möchte man ein fertiges Konzept z. B. einem Professorengremium oder Bauherrenvertretern vorstellen, muss man sich fragen, was genau man der Zielgruppe mitteilen möchte und welches Vorstellungsvermögen man ihr zutraut. Im Allgemeinen sind Lehrende in der Beurteilung von Entwürfen weitaus geübter und können daher mit abstrakten Modellen eher konfrontiert werden als beispielsweise unerfahrene Bauherren.

Zusammenhang Plan – Modell Auch kann die Darstellung von Präsentationsplänen einen Einfluss auf die Materialwahl oder das Format der Grundplatte haben, soweit diese mit dem Modell als harmonische Einheit präsentiert werden sollen. So sollten die bestimmenden Elemente herausgegriffen und gegebenenfalls durch Skizzen mögliche Abstraktionsgrade grafisch überprüft werden.

Wahl des Planausschnitts Die Wahl des Planausschnitts, der im Modell dargestellt werden soll, basiert auf räumlichen Zusammenhängen und der physischen Größe der späteren Modellplatte. Sind Bereiche für den Entwurf wichtig (z. B. eine markante Achse der benachbarten Umgebung), die nicht auf eine angemessene Grundplatte passen würden, sollte man über den Maßstab des Modells nachdenken.

DIE GRUNDPLATTE

Spielen die Umgebung und das Gelände eine Rolle für die Darstellung, ist es ratsam, mit der Grundplatte zu beginnen. Dies muss nicht für jede Aufgabe sinnvoll sein, ist aber in jedem Fall ein guter Einstieg in das Projekt. Gleich am Anfang wird ein Arbeitsmodell des Ortes angefertigt, das natürlich auch für die Präsentation weiterbenutzt werden kann. Häufig existieren zu Beginn der entwerferischen Arbeit nur wenige Ideen, und da kann es sinnvoll sein, durch den Nachbau von Gelände und Topografie eine räumliche Analyse des Ortes vorzunehmen. Der Genius offenbart sich meist in der konkreten Auseinandersetzung. Noch ein zweiter Aspekt spricht für das Gelände: Erfahrungsgemäß konzentriert sich die zu bewältigende Arbeit für das Projekt in der Schlussphase. Es ist daher gut, wenn man sich bereits Teile des Arbeitsumfanges im Vorfeld erarbeiten und entwickeln konnte.

Ganz praktisch ist bei dem Gelände – der „Standfläche" oder dem „Sockel" – darauf zu achten, dass das ganze Modell in den Abmessungen weder zu groß (schlecht zu transportieren oder zu schwer) noch zu klein (nicht aufschlussreich für die beabsichtigte Darstellung) wird. Als Grundlage dienen meist Holzwerkstoffplatten. > Kap. Werkstoffe – Materialien

Hat man eine Grundplatte in der richtigen maßstäblichen Größe des gewählten Ausschnittes vorliegen, benötigt man einen Lageplan, um die Umgebung bzw. das Gelände auf die Grundplatte übertragen zu können. Das Übertragen von geometrischen Plandaten auf das Modellbaumaterial stellt sich dabei als erste Hürde heraus. Es gibt verschiedene Umsetzungsmethoden:

— Frottage: Der Plan wird spiegelbildlich kopiert, auf dem Werkstoff mit Klebeband fixiert und mit dem Lösungsmittel Aceton „durchgeschrubbt". Dabei löst sich die Druckerschwärze vom Plan und wird auf den Werkstoff übertragen.
— Pausen mit Nadeln: Die Zeichnung wird auf dem Werkstoff montiert, „Eckdaten" werden mit einer Nadel oder einem Pausrad (spezielles Modellbauwerkzeug) auf das Material durchgestochen, anschließend kann die Liniengeometrie nachgezeichnet werden.
— Einmessen: Einfache Grundrisse zeichnet man am besten mit einem feinen, dünnen Bleistiftstrich auf dem Werkstoff auf. ■

■ **Tipp:** Gerade das Übertragen von Geländeverläufen ist in der Regel sehr aufwendig. Bei einem Schichtenmodell sollte man die Schichtendicke des Materials so wählen, dass ihnen die Höhenlinien auf dem Lageplan maßstäblich entsprechen, um sie direkt zu nutzen. Man stellt zunächst die benötigte Anzahl von Höhenschichten mit den Abmessungen der Grundplatte her und klebt eine komplette Schicht auf die Grundplatte. Nun schneidet man die erste Höhenlinie aus der ebenfalls zugeschnittenen Lageplangrundlage und überträgt diese auf die nächste Pappschicht. Nach der ersten Verklebung schneidet man sukzessive weitere Höhenschichten ab und überträgt diese jeweils auf die weiteren Schichten, bis man ein vollständiges Geländeabbild geschaffen hat. Zu beachten ist gegebenenfalls die Neumodellierung des Geländes für den neuen Bauplatz, der in die Höhenschichtung einzuarbeiten ist.

HERSTELLEN EINZELNER BAUTEILE

Entgegen der Gebäudeerrichtung in der Realität (von der primären Konstruktion bis zum endgültigen Ausbau) gleicht das Vorgehen beim Modellbau ein wenig der Vorfertigung von Häusern. Meist ist es sinnvoll, ganze Bauteile fertig zu stellen, bevor man diese mit anderen Bauteilen zusammenfügt. Typische Bauteile sind dabei:
— Bodenplatte, Decken, Dachfläche, alle horizontalen Bauglieder des Bauwerks
— Wände, Wandscheiben, Fassadenflächen mit den angeordneten Fenster- und Türöffnungen sowie alle senkrechten Bauteile
— Innenwände

Pläne und Skizzen als Vorlage

Grundlage der Bearbeitung dieser Bauteile sind die Architekturzeichnungen – wie beim realen Bauen der Bauplan („Werkzeichnung"). Es liegen nur die „klassischen" zweidimensionalen Projektionen wie Grundriss, Schnitt und Ansicht auf Papier vor. Grundrisse wie Schnitte sind gleichermaßen wichtig. Beide Zeichnungen beinhalten jeweils zwei Dimensionen des Gebäudes, zusammengefügt ergeben sie die Räumlichkeit. Am einfachsten wird zuerst die Grundrissgeometrie maßstäblich auf das Material übertragen. Dafür gibt es mehrere Möglichkeiten:
— Der Grundriss dient als Grundlage für das Montieren von Wänden und Stützen (3. Dimension) – bei Arbeitsmodellen und Städtebaumodellen eine schnelle und bequeme Methode.
— Die wichtigen Informationen des Grundrisses werden auf den gewünschten Werkstoff übertragen. >siehe oben

Nachdem die Informationen des Grundrisses verwertet sind und Ebene für Ebene übersetzt ist, gewinnen die Höhenangaben aus den Längs- und Querschnitten an Bedeutung.

Wände bilden meist die wichtigsten Bestandteile von Gebäuden. Beim Modellbau sollten sie nicht als Einzelstück betrachtet, sondern in der Summe zusammengefasst und so auch gebaut werden. Hier ist der Modellbauer viel effektiver als der reale Bauprozess. Wände können als endlose Streifen ausgeschnitten oder ausgesägt sein und dann je nach Wunsch in die richtige Länge gebracht werden.

> ■ **Tipp:** Bei der Übernahme von Elementlängen und -höhen müssen allerdings die Materialstärken berücksichtigt werden. Soll eine Wandecke auf Gehrung geschnitten werden, so sind beide Seiten in voller Länge zu bauen, bei gestoßenen Bauteilen ist die Materialstärke des vorspringenden Bauteils abzuziehen.

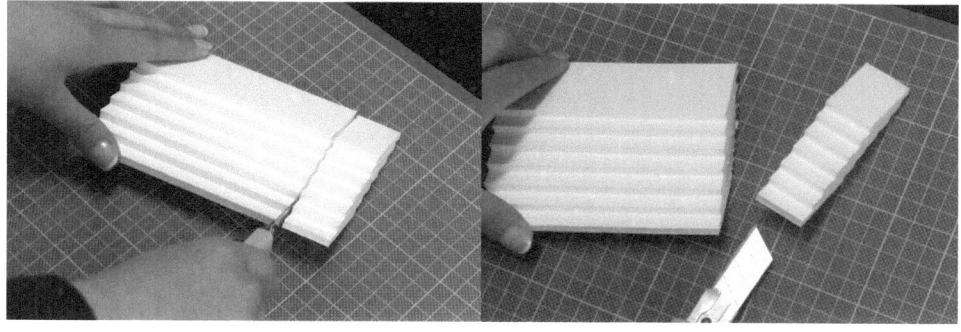

Abb. 83: „Treppenplatten" zum Abschneiden in der richtigen Breite

Diese Methode der „endlosen Fertigung" erleichtert den Modellbau auch beim Städtebau (Häuserzeilen oder Gebäude mit ähnlichem Querschnitt als „Endloszeile") oder bei anderen Bauteilen mit gleichen Querschnitten. Hierzu gehören Stützen, Fensterrahmen, Geschoßdecken usw. Gerade wenn experimentell mit dem Modell gearbeitet wird, ist es sinnvoll, Einzelelemente in größerer Stückzahl herzustellen und sie dann in Varianten einzusetzen.

Die Treppe ist vielmals ein entscheidendes Element in einem Projekt und deshalb ist ihre Darstellung auch wichtig: In Arbeitsmodellen ist sie vereinfacht als schräge Ebene (Rampe) umgesetzt – das geht schnell, und jeder weiß, was gemeint ist. Viel aufwendiger, aber eindrücklicher ist die Darstellung einer wirklichen Treppe mit Tritt- und Setzstufen.   Treppen

● **Beispiel:** Beim Bauen von Treppen ist es sinnvoll, sich zu überlegen, wie oft eine Treppe im Modell vorkommen soll. Auf diese Weise kann das Arbeiten erleichtert werden, denn man kann (bei einläufigen) Treppenläufen ein viel breiteres Werkstück anfertigen und dann in gewünschter Breite die Einzelstücke mit Cutter oder Säge abschneiden.

Abb. 84: Übertragen der Zeichnung auf die Pappe

Abb. 85: Ausschneiden der Grundplatte

Abb. 86: Wände als Streifen werden abgemessen

Abb. 87: Öffnungen werden eingeschnitten

Abb. 88: Zusammenkleben der Wände

Abb. 89: Das fertige Modell

ZUSAMMENFÜGEN DER BAUTEILE

Auch das Zusammenfügen der Bauteile sollte systematisch erfolgen, da einmal verklebte Bauteile sich meist nur mit Beschädigungen wieder voneinander lösen lassen. So kann es beispielsweise sinnvoll sein, zunächst zwei Außenwände eines Gebäudes zu befestigen, dann sukzessive die Innenwände und Decken einzukleben, um darauf das Gebäude mit den fehlenden Außenwänden zu schließen.

Auch die detaillierte Darstellung von Fenster- und Fassadenelementen ist für den Ausdruck des Gebäudemodells von großer Bedeutung. Fenster sollten „eingebaut" werden, bevor die jeweiligen Außenwände zusammengefügt werden, solange die einzelne Fassade vor einem „liegt". Ähnliches gilt in diesem Zusammenhang für Decken mit Aussparungen für Treppen, Wände mit Öffnungen oder Dächer mit Dachdurchdringungen.

Manchmal kann es sinnvoll sein, einzelne Bauabschnitte, also gesamte Gebäudeteile, vorzufertigen und erst dann das gesamte Ensemble zusammenzusetzen. Allerdings sollte man dann darauf achten, dass die verbindenden Teile gegebenenfalls noch angepasst werden können, sollten die einzelnen Bauabschnitte geometrisch nicht exakt aufeinander passen. ■

RESTARBEITEN UND STAFFAGE

Nach dem Zusammenfügen aller Gebäudeteile zu einem Ganzen müssen noch einige Restarbeiten durchgeführt werden. Insbesondere wenn das ganze Modell oder einzelne Teile farbig angelegt werden sollen, ist der Ablauf sorgsam zu planen. Möchte man beispielsweise einen durch das Gebäude laufenden Riegel in einer bestimmten Farbe lackieren, so sollte dieser als Einheit gebaut und verklebt werden, so dass man ihn

> ■ **Tipp:** Mit dem Cutter nachträglich in einem bereits verklebten Modell arbeiten zu müssen, sollte man möglichst vermeiden, da man dort nie so präzise arbeiten kann wie auf einem Schneidebrett. Deshalb: Möglichst viele Bauteile vorfertigen und erst danach verkleben. Ein provisorisches Zusammenfügen der Bauteile, ohne sie zu befestigen (Stabilität durch rechtwinklig daneben gestellte Gegenstände), hilft dabei, rechtzeitig Maßungenauigkeiten und Maßfehler zu entdecken.

unabhängig vom restlichen Modell z. B. mit einer Sprühpistole lackieren kann. Auch muss man sich bei der farblichen Gestaltung überlegen, ob gegebenenfalls Staffagen auf dem Modell vor oder nach dem Anlegen einer Farbe befestigt werden sollen.

Hinzufügen von Staffage

Es ist durchaus sinnvoll, sich zum Abschluss des Modellbaus Gedanken über das Thema Staffage zu machen. Bäume sind ein sehr beliebtes Element in der Architekturdarstellung und können Modelle deutlich aufwerten. Allerdings sollte man Bäume und auch sonstige Staffagen nur dann einfügen, wenn sie für die Konzeption des Projektes von Relevanz sind und nicht nur als beiläufiges Ornament dienen. Oft werden zu viele Bäume auf der Grundplatte „gepflanzt", was dazu führen kann, dass die Staffage vom eigentlichen Inhalt ablenkt. Als Faustregel kann gelten: Ist der Baum ein architektonisches Element (beispielsweise wenn er eine Raum bildende Funktion innehat), sollte er Bestandteil des ganzen Ensembles werden, ist er Schmuckwerk, kann er dargestellt werden,
- muss aber nicht (weniger ist oft mehr).

PRÄSENTATION UND INSZENIERUNG

Das fertige Modell wird in der Regel ausgestellt oder muss im Rahmen eines Vortrags präsentiert werden. Auch diesen letzten Schritt sollte man nicht dem Zufall überlassen. Wird ein Bild an eine Wand gehängt, sollte es auf Augenhöhe des Betrachters platziert werden, damit es am besten zur Geltung kommt. Auch ein Modell muss dem späteren Betrachter so präsentiert werden, dass er dieses aus dem richtigen Blickwinkel

■ **Tipp:** Wirkt die Staffage sehr auffällig, verliert der Betrachter den Blick auf das Wesentliche: Man sieht im Wortsinn die Architektur vor lauter Bäumen nicht. Um diesen Effekt zu reduzieren, kann man das Material, welches für die Umsetzung ausgewählt wurde, mit Farbe oder Lack an die anderen Werkstoffe angleichen. So verschmelzen die Elemente mit der Umgebung und werden trotzdem räumlich wahrgenommen. Bei großen publikumswirksamen Gebäuden (Konzerthallen, Museen usw.), die in hoher Verkleinerung als Modell gebaut werden, können kleine abstrahierte Figuren platziert werden, um Wegebeziehungen oder öffentliche Bereiche darzustellen. Dies schafft beim Betrachter einen Eindruck der späteren realen Situation. So vermitteln über einen Platz verteilte Figuren, die sich in Richtung Haupteingang verdichten, ein Gefühl von Sogwirkung und Attraktivität.

betrachten kann. Ein städtebauliches Modell wird durchaus von oben betrachtet, während ein Innenraummodell so präsentiert werden sollte, dass der Betrachter ohne Verrenkungen in den Innenraum sehen kann.

Damit ein Modell in der richtigen Höhe aufgestellt wird, kann eine Unterkonstruktion, zum Beispiel in Form eines Sockels, angefertigt werden, die sich in Form und Gestalt dem Modell anpasst. Ein Sockel kann ein Modell konzeptionell unterstützen. Wird beispielsweise ein schmales hohes Gebäude dargestellt, zeigt ein ebenfalls schmaler und hoher Sockel das Konzept bereits von weitem. *Anfertigen eines Sockels*

Bei Gruppenmodellen wird oft ein Sockel mit Rollen versehen, um das Modell einfach von Präsentation zu Präsentation bewegen zu können und vor Ort nur noch die Einsätze wechseln zu müssen.

Hochwertige Modelle werden in einer Vitrine präsentiert, um einerseits die Oberfläche zu schützen und andererseits den objekthaften Charakter der Architekturdarstellung zu verstärken. Gerade in frei zugänglichen Ausstellungen hilft eine Hülle aus Acrylglas dem Modell, die Ausstellung unbeschädigt zu überstehen. *Vitrinen*

Städtebauliche Modelle (reliefhafte Abbildung von Landschaften) können durchaus auch wie eine Abbildung oder ein Plan (eine Art dreidimensionaler Plan) an die Wand gehängt werden. Dabei ist allerdings der Untergrund im Voraus zu erkunden. Werden Pläne auf Stellwänden präsentiert, lassen sich nur geringe Lasten daran befestigen. *Aufhängen von Modellen*

■

■ **Tipp:** Meist möchte man seine Modelle aufheben und nicht entsorgen. Im Laufe eines Architekturstudiums werden jedoch zahlreiche Modelle angefertigt, so dass es zu Platzproblemen und fehlenden Aufbewahrungsflächen kommt. Da Modelle, die man in Kellern und auf Dachböden einlagert, durch Feuchtigkeit oder große Temperaturschwankungen Schaden nehmen können, ist das bewusste Aufhängen von Modellen auch eine wirkungsvolle Möglichkeit, sie nach Präsentationen aufzubewahren und gleichzeitig als Wanddekoration zu nutzen.

Schlusswort

Das Architekturstudium konfrontiert den Studenten mit einer Fülle von Anforderungen und Herausforderungen. Zu diesen gehört auch das Bauen guter Modelle. Dabei werden Modelle oft nur als Präsentationsmodelle in den letzten Tagen vor einer Abgabe erstellt. Das Potenzial, das Modelle als Entwurfs- und Arbeitsmittel beinhalten, wird oft nicht ausgeschöpft. Architektur zu studieren bedeutet, sich sowohl mit technischen Aspekten wie auch mit künstlerisch-kreativen Prozessen auseinander zu setzen. Somit helfen Modelle, sich mit Proportionen und Räumen zu beschäftigen und auch das räumliche Denken zu fördern. Im Modell erkennt man die Auswirkungen dessen, was man mit Strichen auf ein Papier gebracht hat; man entwickelt eine Vorstellungskraft räumlicher Zusammenhänge von zweidimensionalen Zeichnungen.

Modelle sind eine anschauliche Methode der Kommunikation mit dem Nicht-Fachpublikum. Gibt ein Bauherr ein Gebäude bei einem Architekten in Auftrag, so kann er zwar auch die Pläne eingehend studieren, jedoch wird ihm erst mit dem Modell das „Produkt" des Architekten greifbar dargeboten. Auf dieser Grundlage kann er zustimmen, ablehnen, verbessern oder konkretisieren. An dieser Stelle kommt die bereits erwähnte unterschiedliche Sicht der Detailgenauigkeit zum Tragen: Bauherren sehen im Modell schon das Ergebnis und wollen in ihrem Drang nach Fertigstellung des Projektes alles detailgenau dargestellt sehen, während Architekten die oft nur mäßig genaue Aussagekraft des Modells schätzen, um noch Gestaltungsspielraum zu haben.

Ein Modell vervollständigt in jedem Fall die Form der Darstellung eines Projektes, es repräsentiert die dreidimensionale Umsetzung der Gestaltungsidee und steht so auf einer Ebene mit der Bedeutung von Präsentationszeichnungen.

Anhang

DANKSAGUNG

Besonderer Dank gilt:
- Lehrstuhl für Gebäudelehre und Entwerfen, Professor Arno Lederer/Professor Daniele Marques, Universität Karlsruhe (Abbildungen beispielhafter Modelle, die im Rahmen der Entwurfslehre bei Entwurfs- und Seminararbeiten in den letzten Jahren entstanden sind und durch entwurfsbegleitende Modellbaukurse bei Modellbaumeister Manfred Neubig didaktisch unterstützt wurden).
- Gerstäcker-Bauwerk GmbH, Material für Modellbau und Künstlerbedarf, Thomas Rüde und Marc Schlegel, Karlsruhe (Materialberatung sowie Unterstützung bei Abbildungen zu Werkzeugen und Modellbaumaterialien)
- Holzwerkstatt der Fakultät für Architektur, Werkstattmeister Wolfgang Steinhilper, Universität Karlsruhe (Unterstützung bei Abbildungen)
- Metallwerkstatt der Fakultät für Architektur, Werkstattmeister Andreas Heil, Universität Karlsruhe (Unterstützung bei Abbildungen)
- Christoph Baumann, Karlsruhe (Modellfotos)
- Verena Horn, Karlsruhe (Mitwirkung bei den Modellbaufotos)
- Peter Krebs, Büro für Architektur, Karlsruhe (Modellfotos)
- Stefanie Schmitt, Stutensee (Modellfotos)

BILDNACHWEIS

Folgende Abbildungen wurden dem Autor freundlicherweise vom Lehrstuhl für Gebäudelehre und Entwerfen, Professor Arno Lederer/Professor Daniele Marques, Karlsruhe Institute of Technology (KIT), zur Verfügung gestellt. Die Entwürfe entstanden unter Professor Arno Lederer, die Wissenschaftlichen Mitarbeiter waren Kristin Barbey, Roland Kötz, Peter Krebs, Birgit Mehlhorn. Der Modellbau wurde entwurfsbegleitend von Manfred Neubig betreut. Wenn nicht anders angegeben, wurden alle Abbildungen von Thilo Mechau, Fotowerkstatt Architekturfakultät, erstellt.

Abb. 1: Studentenarbeit Entwurf Reykjavik Hafen, Florian Bäumler
Abb. 6: Studentenarbeit Entwurf Reykjavik Hafen, gemeinsames Städtebaumodell
Abb. 19: 1. Reihe: Studentenarbeit Entwurf „Machs noch einmal", Steffen Wurzbacher
    3. Reihe: Studentenarbeit Entwurf „Machs noch einmal", Matthias Rehberg
    4. Reihe: Studentenarbeit Entwurf „Machs noch einmal", Ioana Thalassinon
Abb. 24: Seminararbeit im Fach Gebäudelehre, Gemeinschaftsmodell der Studenten aus Plastilin, Foto: Cornelius Boy
Abb. 26: Links: Studentenarbeit Entwurf „Machs noch einmal", Patrick Lien
Rechts: Studentenarbeit Entwurf Islamisches Gemeindezentrum, Axel Baudendistel
Abb. 27: Diplomarbeit Seebad in Barcelona, Philip Loeper
Abb. 62: Studentenarbeit Entwurf Reykjavik Hafen, Holger Rittgerott
Abb. 63: Studentenarbeit Entwurf „Machs noch einmal", Lisa Yamaguchi
Abb. 64: Studentenarbeit Entwurf „Machs noch einmal", Andrea Jörder
Abb. 65: Studentenarbeit Entwurf „Machs noch einmal", Lisa Yamaguchi
Abb. 74: Studentenarbeit Entwurf „Machs noch einmal", Benjamin Fuhrmann
Abb. 75: Studentenarbeit Entwurf Reykjavik Hafen, Markus Schwarzbach
Abb. 76: Studentenarbeit Entwurf Reykjavik Hafen, Kuno Becker, Tina Puffert, Holger Rittgerott
Abb. 80: Studentenarbeit Entwurf Palast der Republik, Matthias Moll
Abb. 81: Studentenarbeit Entwurf Reykjavik Hafen, Gemeinschaftsmodell der Studenten
Abb. 82: Studentenarbeit Entwurf Islamisches Gemeindezentrum, Axel Baudendistel

Folgende Abbildungen wurden vom Büro für Architektur Peter Krebs aus Karlsruhe zur Verfügung gestellt.

Abb. 4: Wettbewerbsmodell Gemeindezentrum Mainhardt
Abb. 12, 13, 57: Wettbewerbsmodell Kirche Sankt Augustinus, Heilbronn
Abb. 14: Wettbewerbsmodell Kapelle Stella Maris, Stuttgart
Abb. 25: Wettbewerbsmodell Gemeindehaus Sankt Georg, Riedlingen
Abb. 79: Wettbewerbsmodell Gemeindezentrum, Schwetzingen

Folgende Abbildungen wurden von Christoph Baumann, Karlsruhe, zur Verfügung gestellt.

Abb. 84–87, 89: Ausschnitte aus Studienmodellen

Folgende Abbildungen wurden von Bert Bielefeld zur Verfügung gestellt.

Abb. 11, 16, 59–61, 88

Folgende Abbildungen wurden von Isabella Skiba zur Verfügung gestellt.

Abb. 8–10, 58

Folgende Abbildungen wurden von Stefanie Schmitt, Stutensee, zur Verfügung gestellt.

Abb. 18: Studienmodell Kindergarten Sankt Franziskus
Abb. 19: 2. Reihe: Diplomarbeit Olympiabahnhof Stuttgart
Abb. 77: Diplomarbeit Olympiabahnhof Stuttgart

Vom Autor stammen die Abb. 2, 5, 15, 17, 20–23, 28–55, 66–73, 78, 83, 90–96.

DER AUTOR

Alexander Schilling, Dipl.-Ing., Freier Architekt, wissenschaftlicher Mitarbeiter am Fachgebiet Gebäudelehre, Fakultät für Architektur, KIT, Karlsruhe

Reihenherausgeber: Bert Bielefeld
Konzept: Bert Bielefeld, Annette Gref
Projektmanagement: Annette Gref
Layout und Covergestaltung: Andreas Hidber
Satzherstellung und Produktion: Amelie Solbrig

Papier: Magno Natural, 120 g/m²
Druck: Beltz Grafische Betriebe GmbH

Library of Congress Control Number:
2020938868

Bibliografische Information der Deutschen Nationalbibliothek
Die Deutsche Nationalbibliothek verzeichnet diese Publikation in der Deutschen Nationalbibliografie; detaillierte bibliografische Daten sind im Internet über http://dnb.dnb.de abrufbar.

Dieses Werk ist urheberrechtlich geschützt. Die dadurch begründeten Rechte, insbesondere die der Übersetzung, des Nachdrucks, des Vortrags, der Entnahme von Abbildungen und Tabellen, der Funksendung, der Mikroverfilmung oder der Vervielfältigung auf anderen Wegen und der Speicherung in Datenverarbeitungsanlagen, bleiben, auch bei nur auszugsweiser Verwertung, vorbehalten. Eine Vervielfältigung dieses Werkes oder von Teilen dieses Werkes ist auch im Einzelfall nur in den Grenzen der gesetzlichen Bestimmungen des Urheberrechtsgesetzes in der jeweils geltenden Fassung zulässig. Sie ist grundsätzlich vergütungspflichtig. Zuwiderhandlungen unterliegen den Strafbestimmungen des Urheberrechts.

ISBN 978-3-0356-2182-2

e-ISBN (PDF) 978-3-0356-2191-4
Englisch Print-ISBN 978-3-0356-2186-0

© 2020 Birkhäuser Verlag GmbH, Basel
Im Westfeld 8, 4055 Basel, Schweiz
Ein Unternehmen der Walter de Gruyter GmbH, Berlin/Boston

9 8 7 6 5 4

www.birkhauser.com